Panoplie OCDE des instruments de la transparence budgétaire

MESURES PRATIQUES EN FAVEUR DE L'OUVERTURE, DE L'INTÉGRITÉ ET DE LA RESPONSABILITÉ DANS LA GESTION FINANCIÈRE PUBLIQUE

Cet ouvrage est publié sous la responsabilité du Secrétaire général de l'OCDE. Les opinions et les interprétations exprimées ne reflètent pas nécessairement les vues officielles des pays membres de l'OCDE.

Ce document, ainsi que les données et cartes qu'il peut comprendre, sont sans préjudice du statut de tout territoire, de la souveraineté s'exerçant sur ce dernier, du tracé des frontières et limites internationales, et du nom de tout territoire, ville ou région.

Merci de citer cet ouvrage comme suit :
OCDE (2018), *Panoplie OCDE des instruments de la transparence budgétaire : Mesures pratiques en faveur de l'ouverture, de l'intégrité et de la responsabilité dans la gestion financière publique*, Éditions OCDE, Paris.
http://dx.doi.org/10.1787/9789264293335-fr

ISBN 978-92-64-29332-8 (imprimé)
ISBN 978-92-64-29333-5 (PDF)

Crédits photo : Couverture © Poeli Bojorquez

Les corrigenda des publications de l'OCDE sont disponibles sur : *www.oecd.org/about/publishing/corrigenda.htm*.

Avant-propos

Quand elle formule des orientations et des normes à caractère formel dans divers domaines de la gouvernance publique – tels que l'ouverture des données, la passation de marchés publics ou la politique réglementaire – l'OCDE a coutume de proposer ensuite une panoplie d'instruments moins formels et plus pratiques pour permettre aux utilisateurs d'aller au-delà du niveau des principes vers l'action et l'impact.

La transparence budgétaire appelle une démarche différente. C'est un domaine où existent déjà beaucoup de normes officielles, de manuels d'orientation et bien d'autres ressources qui donnent des exemples nationaux dont on peut s'inspirer. Dans ces conditions, plutôt que de s'en tenir à donner des orientations portant sur les seuls principes de l'OCDE, on poursuit un objectif plus large qui est d'aider les utilisateurs en leur faisant mieux connaître la gamme des normes et principes directeurs disponibles, la manière dont ces éléments se complètent et comment on peut le mieux les sélectionner et les appliquer pour réaliser l'objectif global d'un processus budgétaire plus ouvert, transparent, inclusif et responsable.

C'est pourquoi l'OCDE a conçu cette panoplie d'instruments de la transparence budgétaire avec la participation et la collaboration de la communauté mondiale des institutions recherchant la transparence du budget et des finances publiques -- en particulier le Fonds monétaire international, le groupe de la Banque mondiale, le Partenariat budgétaire international (PBI), la Fédération internationale des comptables (IFAC) et le Programme pour la responsabilité en matière de dépenses et de finances publiques (PEFA) – tous faisant partie du réseau de l'Initiative mondiale sur la transparence des finances publiques (GIFT). La panoplie n'a pas pour but de répéter ou de remplacer les éléments que proposent déjà ces organisations ; elle cherche simplement à servir de guide ou d'indicateur à l'égard de ces éléments, tout en renforçant certains messages pratiques essentiels à propos de la transparence du budget et des finances publiques.

La panoplie est présentée en deux chapitres. Le **chapitre 1** sert d'introduction directe ou de voie d'accès aux institutions, instruments officiels et éléments d'orientation, y compris les normes établies par des organisations internationales après une large consultation des parties prenantes concernées et de la population. Le chapitre 1 vise à donner aux utilisateurs une idée de leur finalité et de leur structure ainsi que de la meilleure manière d'employer ces ressources.

Le **chapitre 2** propose un moyen différent d'aborder les diverses normes et les divers éléments d'orientation en utilisant une structure -- conçue par l'OCDE -- basée sur cinq domaines institutionnels ou sectoriels de première importance. Cette section fait directement référence aux normes internationales et aux éléments d'orientation et souligne l'important socle commun qui existe dans le domaine de la transparence du budget et des finances publiques. Le chapitre 2 présente aussi certains points de départ suggérés ou messages d'orientation clés pour aider les utilisateurs à comprendre les problèmes qui se posent. Ces « points de départ suggérés » sont mentionnés par l'OCDE à titre d'illustration et ne doivent pas être considérés comme des « raccourcis » au sein des normes officielles établies par les diverses institutions. L'OCDE remercie de sa coopération et de ses conseils la communauté internationale des organisations recherchant la transparence du budget et des finances publiques, qui lui a aimablement permis de se référer à sa production afin de rendre cette panoplie d'instruments aussi utile que possible.

Table des matières

Préface

par

Juan Pablo Guerrero

Directeur du Réseau de l'Initiative mondiale sur la transparence des finances publiques

La transparence budgétaire présente de nombreux avantages pour les citoyens et la société, notamment l'ouverture, la confiance et la responsabilité publique. En outre, l'encourager est de plus en plus considéré comme indispensable pour promouvoir l'intégrité de la gouvernance publique et renforcer les politiques de lutte contre la corruption.

Toutefois, la mise en pratique de la transparence budgétaire peut parfois apparaître comme particulièrement ardue. Par où un pays doit-il commencer à appliquer un programme de réformes? Où les citoyens et les organisations de la société civile doivent-ils faire porter leurs efforts pour contribuer de façon significative à l'obtention de ces avantages potentiels?

De fait, jusqu'au milieu des années 1990, il n'y avait ni définition reconnue internationalement de la transparence des finances publiques ou du budget, ni codification de ce que ces termes englobaient. Depuis cette époque, un certain nombre d'institutions internationales ont conçu des normes, des principes directeurs et des instruments d'évaluation afin de promouvoir une plus grande ouverture de la gestion des finances publiques. Les principaux instruments internationaux ont été profondément révisés depuis 2014. La réalisation par l'OCDE de cette *Panoplie des instruments de la transparence budgétaire, avec des mesures pratiques en faveur de l'ouverture, de l'intégrité et de la responsabilité dans la gestion des finances publiques* arrive donc au bon moment et est très pertinente. Elle constitue un moyen de présenter aux praticiens les diverses normes et les divers principes directeurs disponibles et de les aider à comprendre comment ces éléments se complètent et permettent aux utilisateurs d'aller au-delà du niveau des principes et de la théorie pour agir et avoir un impact. La panoplie est une contribution importante à la diffusion et à la normalisation des bonnes pratiques reconnues en matière de transparence du budget et des finances publiques à l'intention de personnes qui se situent au sein et en dehors de la sphère publique dans le monde entier. Cela en fait un instrument précieux pour promouvoir un gouvernement ouvert et réactif et pour soutenir la lutte contre la corruption à l'échelle mondiale.

Nous saluons le lancement par l'OCDE de cette *Panoplie des instruments de la transparence budgétaire* avec la participation et la collaboration de la communauté mondiale des institutions attachées à la transparence du budget et des finances publiques, notamment le Fonds monétaire international, le groupe de la Banque mondiale, le Partenariat budgétaire international, la Fédération internationale des comptables et le

Programme pour la responsabilité en matière de dépenses et de finances publiques, toutes étant membres du réseau de l'Initiative mondiale sur la transparence des finances publiques (GIFT) au même titre de l'OCDE elle-même. Cette panoplie d'instruments reflète et illustre à la fois le consensus croissant sur ce qui constitue une bonne pratique d'ouverture à propos des modalités de mobilisation et de dépense de l'argent public. Les divers instruments internationaux reconnaissent de plus en plus la diversité des contextes nationaux en formulant des normes graduées au lieu de stipuler une seule série de pratiques. Le lecteur dispose d'un outil très utile pour lui servir de guide sur des questions de base et des problèmes d'importance cruciale, qui renforce aussi certains messages pratiques essentiels concernant la transparence du budget et des finances publiques tirés de ce riche corpus international. Ainsi, la panoplie considère l'« ouverture et l'engagement civique » comme l'un des cinq éléments de son cadre d'organisation conformément à la perception la plus actuelle de cet aspect important d'une budgétisation moderne.

Le réseau GIFT se félicite d'avoir travaillé avec l'OCDE à la réalisation de cette panoplie. Elle illustre l'un de ses objectifs : promouvoir des actions plus complètes et cohérentes pour étendre la transparence budgétaire conformément aux Principes de haut niveau sur la transparence, la participation et la responsabilisation en matière de finances publiques. Il est particulièrement important que la panoplie reconnaisse la nécessité de placer les citoyens et les contribuables au centre des efforts d'amélioration de la transparence et de la responsabilité dans la gestion des ressources publiques. Ouvrir les budgets et la gestion financière publique et donner des possibilités d'engagement direct des citoyens peut réduire la corruption et les gaspillages ainsi qu'augmenter les chances d'utiliser les impôts pour fournir des services publics de qualité, élever réellement le niveau de vie et obtenir de meilleurs résultats sociaux, économiques et environnementaux. Cette panoplie constitue une bonne réponse et une contribution précieuse à la recherche de solutions pratiques et innovantes aux défis actuels d'une budgétisation ouverte, transparente et inclusive.

Introduction

Une bonne budgétisation est soutenue par – et, en retour, soutient – les différents piliers de la gouvernance publique moderne : la transparence, l'intégrité, l'ouverture, la participation, la responsabilité et une approche stratégique à la planification et la réalisation d'objectifs nationaux

- Recommandation du Conseil de l'OCDE sur la gouvernance budgétaire

Le principe de la transparence budgétaire -- qui comprend la clarté, l'exhaustivité, la fiabilité, la ponctualité et l'accessibilité des informations publiques sur les finances publiques -- est désormais largement reconnu dans le monde. Il existe différentes définitions de la transparence des finances publiques et du budget, mais elles peuvent toutes être résumées en un seul concept fondamental : **la transparence budgétaire signifie l'ouverture complète à la population à propos des modalités de mobilisation et d'utilisation de l'argent public.**

De multiples raisons expliquent que la transparence budgétaire soit considérée comme un objectif souhaitable. Voici certains des plus importants de ses avantages reconnus :

La responsabilité : la clarté à propos de l'usage des fonds publics est nécessaire pour que les représentants publics et les fonctionnaires puissent rendre compte de son efficacité.

L'intégrité : les dépenses publiques sont vulnérables non seulement aux gaspillages et à une mauvaise utilisation, mais aussi à la fraude. « La lumière est la meilleure politique » pour empêcher la corruption et faire respecter des normes exigeantes d'intégrité dans l'utilisation des fonds publics.

L'inclusivité : les décisions budgétaires peuvent influer profondément sur les intérêts et le niveau de vie de différentes personnes et catégories dans la société ; la transparence implique un débat informé et inclusif sur les effets de la politique budgétaire.

La confiance : un processus budgétaire ouvert et transparent contribue à convaincre la société que les opinions et les intérêts de la population sont respectés et que l'argent public est bien utilisé.

La qualité : une budgétisation transparente et inclusive favorise de meilleurs résultats budgétaires ainsi que des politiques publiques plus réactives, efficaces et équitables.

Le rôle d'une « Panoplie des instruments de la transparence budgétaire »

De nombreuses organisations internationales, publiques et privées, s'intéressent depuis de nombreuses années à la transparence budgétaire. Elles forment ensemble la communauté internationale des praticiens, experts et préconisateurs qui ont des préoccupations complémentaires (voir chapitre 1). La plupart de ces organisations ont réalisé des analyses et formulé des orientations détaillées sur les questions de transparence budgétaire. Ce document n'a pas pour but de répéter ou de remplacer tous ces éléments. L'intention est plutôt que cette panoplie d'instruments poursuive trois objectifs :

1. Donner accès à une abondance d'informations, notamment les normes officielles établies par des institutions internationales largement représentatives, des recommandations détaillées et d'autres données sur la transparence des finances publiques et du budget disponibles dans la communauté internationale

2. Aider les pays à utiliser au mieux ces éléments pour autoévaluer leur propre niveau de transparence budgétaire ou encourager les évaluations par des tiers, comme les institutions financières internationales (IFI), ainsi que pour programmer et appliquer un programme de réformes axé sur la transparence en fournissant un résumé et une « liste de contrôle » utiles des leçons communes tirées de l'expérience internationale.

3. Mettre en commun, par la collaboration, les vues de la communauté internationale sur la transparence des finances publiques et du budget afin de renforcer les principaux messages et priorités.

En aidant les pays à agir en faveur de la transparence budgétaire et en leur indiquant les moyens pratiques supplémentaires les plus pertinents au regard des spécificités nationales, cette panoplie peut constituer une ressource et un point de référence pratiques.

Comment utiliser les «instruments » de cette panoplie?

Pour les pays qui souhaitent améliorer leur niveau de transparence budgétaire, il existe beaucoup d'orientations faisant autorité sur les normes à suivre et sur la manière de les appliquer aux différents stades du cycle budgétaire, allant de sa préparation et de sa programmation à la présentation, au débat, à l'autorisation, à l'exécution, à l'information et à l'exercice de la responsabilité. Il existe aussi de nombreuses ressources disponibles sous des formes diverses -- allant du convivial au très technique et approfondi -- destinées aux différents praticiens et utilisateurs des données budgétaires. Il n'est pas surprenant qu'il puisse être parfois difficile de savoir exactement où commencer. Les instruments suivants sont proposés pour aider à faire le meilleur usage de ces éléments et à décider quelle approche convient le mieux à un pays ou à une institution.

Accès aux normes et principes directeurs officiels (chapitre 1) : la totalité des normes, instruments juridiques et principaux documents d'orientation officiels concernant la transparence des finances publiques et du budget, émanant de toutes les organisations internationales concernées, est présentée au **chapitre 1** de la panoplie. Les caractéristiques et les rôles particuliers de ces normes et principes directeurs sont expliqués afin que les utilisateurs de la panoplie puissent décider quels peuvent être les plus pertinents au regard de leurs objectifs. En outre, on donne des recommandations sur la façon de commencer à utiliser ces éléments. Les normes et principes directeurs officiels constituent le fondement de cette panoplie. Après avoir pris connaissance des divers aspects de la transparence budgétaire au moyen de la panoplie, les utilisateurs peuvent se référer directement à ces éléments pour obtenir des orientations plus détaillées et définitives.

Carte pluridimensionnelle de la transparence budgétaire (chapitre 2) : en fonction des institutions ou des secteurs intéressant le plus les utilisateurs, différentes normes et orientations seront pertinentes. La carte pluridimensionnelle de la transparence budgétaire -- voir page 43 -- est conçue pour aider les utilisateurs à se diriger directement vers les ressources disponibles dans chaque domaine. Les cinq dimensions essentielles -- basées sur la structure conçue par l'OCDE pour le **chapitre 2** de la panoplie d'instruments -- sont les suivantes :

- Le gouvernement (ou le pouvoir exécutif)
- Le parlement (ou le pouvoir législatif)
- Les institutions publiques indépendantes (y compris les offices d'audit et les conseils budgétaires)
- Les citoyens et les organisations de la société civile
- Le secteur privé.

Sujets de la panoplie : l'approche pluridimensionnelle est utilisée comme moyen de structurer les éléments d'orientation dans le chapitre 2 de la panoplie. Pour chacune des cinq dimensions, un certain nombre de « sujets » particuliers de la transparence budgétaire sont présentés dans un format standard.

- Chaque **sujet de la panoplie** est d'abord distingué, par une lettre et un chiffre, et on présente son rôle et son importance pour la transparence budgétaire.

- Au sein de chaque sujet, certains **points de départ suggérés** sont ensuite listés sous forme résumée. Ces points donnent une orientation initiale sur les principaux domaines d'action en matière de transparence budgétaire, tirés de normes internationales plus détaillées -- mais ils ne doivent pas être considérés comme un substitut aux normes elles-mêmes. En outre, différents aspects peuvent parfois être plus ou moins pertinents selon les spécificités nationales.

➤ **Navigation vers les normes internationales :** chaque sujet se conclut par une indication de l'endroit où il est traité le plus complètement dans les ✛ **Les normes et orientations internationales**[*]. Celles-ci sont référencées par de simples « étiquettes » (comme on l'explique à la fin de ce chapitre introductif). Ainsi, la Panoplie partagée sert d'« aide à la navigation » vers les normes et les éléments d'orientation existants, en indiquant où se trouvent les éléments détaillés et faisant autorité afin d'aider les utilisateurs à prendre de nouvelles mesures pour mettre en pratique la transparence budgétaire.

[*] Les normes internationales sont celles (i) qui ont été formulées par une instance reconnue internationalement (représentant de nombreux pays), (ii) sont généralement applicables dans les différentes juridictions (les différents pays) et (iii) ont été globalement entérinées au moyen d'une large consultation des parties prenantes concernées incluant un processus de consultation publique.

➢ Sous chacun des sujets, on trouve des ☯**exemples pris dans le monde entier** qui illustrent brièvement comment divers pays ont réussi à appliquer un instrument ou un aspect particulier de la transparence budgétaire. Les exemples nationaux ne se limitent pas aux membres de l'OCDE, mais comprennent des exemples innovants et sources d'inspiration émanant de toutes les régions.

➢**Points d'action du cycle budgétaire :** l'annexe (voir page 99) indique des références croisées tirées des Sujets de la panoplie aux différentes phases du cycle budgétaire et aux rôles (possibles) de diverses institutions dans chacune d'entre elles.

On espère que cette approche commune et structurée permettra de donner aux utilisateurs de la panoplie une bonne idée des problèmes les plus importants dans chaque grand domaine ; à mettre en évidence les mesures à prendre pour améliorer la transparence budgétaire ; et à trouver facilement leur voie vers d'autres exemples, normes et orientations pratiques à caractère international.

Chapitre 1

Accès aux normes internationales et aux orientations sur la transparence du budget et des finances publiques

De nombreuses organisations internationales interviennent dans le domaine de la transparence du budget et des finances publiques. Ce chapitre présente les principales et explique comment leurs instruments et leurs ressources peuvent être utilisés par les praticiens et les parties prenantes des budgets.

Aperçu général de la transparence du budget et des finances publiques: la situation internationale

Plusieurs organisations internationales formulent des normes officielles sur la transparence du budget et des finances publiques et une série d'autres instances -- groupes intergouvernementaux, organisations de la société civile, organisations professionnelles et autres -- donnent des informations et des indications supplémentaires. Elles ont pour objectif commun de promouvoir une plus grande transparence de la gestion financière des administrations et des organismes publics. Toutefois, les utilisateurs de ces informations peuvent parfois éprouver des difficultés à comprendre la cohérence et le mode d'utilisation des différentes normes et orientations.

Le **chapitre 1** de la panoplie de transparence budgétaire, après avoir exposé en termes généraux comment les institutions et les instruments se complètent, présente et explique chacun des principaux instruments. Le **chapitre 2** propose d'autres moyens de trouver les instruments officiels applicables à des domaines particuliers ainsi que des orientations et suggestions pratiques à propos de leur application.

Transparence du budget et des finances publiques – l'évolution d'un concept

Jusqu'au milieu des années 1990, il n'y avait ni définition reconnue de la transparence du budget/des finances publiques, ni codification de ce que ce terme recouvre. À partir des leçons tirées de la crise financière en Asie de l'est, le Fonds monétaire international (FMI) a établi en 1998 un *Code de bonnes pratiques en matière de transparence budgétaire* et commencé l'année suivante à évaluer les pratiques des pays au regard de ce code. L'OCDE a publié en 2002 *Transparence budgétaire : les meilleures pratiques de l'OCDE*, document axé sur le budget des administrations centrales dans les pays avancés. La commission du secteur public de la Fédération internationale des comptables a lancé en 1996 le projet de *Normes comptables internationales pour le secteur public (IPSAS)* et établi en 2002 une série de ces principales normes.

Par la suite, l'*Initiative pour la transparence dans les industries extractives* (EITI), lancée en 2002 par de nombreuses parties prenantes et le *Guide du FMI sur la transparence des recettes tirées de ressources naturelles* (2005) ont reflété l'inquiétude croissante à propos de la transparence budgétaire dans les pays qui dépendent d'activités d'extraction. En revanche, les rapports à parties prenantes multiples sur la *Responsabilité en matière de dépenses et de finances publiques* (PEFA) ont surtout été utilisés dans les pays à bas et à moyen revenu.

Le Partenariat budgétaire international (International Budget Partnership -- IBP) a créé en 2006 l'Enquête semestrielle sur l'ouverture budgétaire qui donne une évaluation indépendante de la transparence budgétaire par la société civile et génère des données chiffrées sur le degré et l'évolution de cette transparence.

La crise financière mondiale commencée en 2008, conjuguée à des préoccupations à propos du rythme lent et inégal d'amélioration de la transparence budgétaire, a incité à repenser l'approche globale et à réviser beaucoup d'instruments. Un certain nombre d'organisations internationales et d'autres parties prenantes ont lancé en 2011 l'Initiative mondiale sur la transparence des finances publiques, qui a formulé l'année suivante une série de Principes de haut niveau sur la transparence, la participation et la responsabilité budgétaires afin d'encourager davantage de mesures plus ambitieuses et cohérentes d'extension de la transparence ainsi qu'un nouvel élément de participation publique directe à la conception et à l'application de la politique budgétaire.

Ces dernières années, plusieurs des instruments auxquels on vient de se référer ont été révisés et actualisés. Par exemple :

- En 2014, le **FMI** a présenté un code de la transparence budgétaire complètement remanié et un nouvel instrument d'évaluation, l'Évaluation de la transparence budgétaire (ETB)

- L'année suivante, l'**OCDE** a établi un nouvel ensemble de *Principes de gouvernance budgétaire* destiné à compléter les *Meilleures pratiques* de 2002

- Un indicateur **PEFA** révisé a été diffusé en 2016

- Les normes **IPSAS** ont été enrichies par le Bureau international des normes comptables du secteur public (IPSASB), organisme indépendant appuyé par l'IFAC. Il s'agit maintenant d'un ensemble complet de normes sur la base des engagements, destinées à l'établissement d'états financiers à finalité générale par les États et les autres entités du secteur public dans le monde entier*;

- À partir de 2017, l'enquête de l'**IBP** sur l'ouverture du budget est complétée par une série de questions révisées.

Ces instruments tiennent de plus en plus compte de la diversité des contextes nationaux en établissant des normes graduées au lieu de stipuler un seul ensemble de pratiques. En outre, ils intègrent à différents degrés des principes qui reconnaissent le droit de la population à participer aux délibérations sur la conception et l'application de la politique budgétaire, parce que l'on reconnaît davantage l'importance de la placer au centre de la gestion des ressources publiques. Parallèlement, le G20 s'est inspiré des travaux internationaux sur la transparence du budget et des finances publiques pour renforcer d'autres piliers importants de la bonne gouvernance, notamment la lutte contre la corruption.

Au fil du temps, les termes transparence des finances publiques et du budget ont pris un sens de plus en plus large qui englobe différentes dimensions et sujets. Ils recouvrent à la fois l'offre -- les États, et de façon croissante des acteurs non étatiques, qui publient des informations -- et la demande -- le législateur, la société civile et d'autres parties prenantes qui cherchent à utiliser les informations pour obliger les acteurs gouvernementaux aux à rendre des comptes et participer plus directement au débat public sur l'allocation des ressources. La transparence budgétaire intègre la budgétisation ouverte, la fourniture de services publics financés par l'impôt, la passation de marchés publics, les projets d'infrastructures publiques, l'information financière et non financière, la gestion de l'actif et du passif publics et les activités qui se situent à la frontière du secteur administratif comme celles des entreprises publiques et des partenariats public-privé. Enfin, les concepts et les instruments de la transparence du budget des finances publiques sont aussi appliqués aux administrations infranationales.

Sur le plan formel, certains de ces instruments sont des normes internationales officielles (par exemple le code de transparence budgétaire du FMI) ou font partie du droit international dans certains pays (par exemple les Principes de gouvernance budgétaire de l'OCDE), alors que d'autres sont des instruments d'orientation faisant autorités, des normes de fait ou des outils d'évaluation reconnus internationalement. Ces dernières années, les institutions responsables de ces instruments ont tenté de leur donner plus de cohérence, tout en reconnaissant que chacun a une finalité quelque peu différente. **Cette panoplie cherche aussi à montrer ce que les divers instruments ont en commun ainsi qu'à aider les praticiens et les utilisateurs des budgets à appliquer ces normes pour élever le degré de transparence du budget et des finances publiques.**

* Il convient de noter que plusieurs pays emploient pour l'information financière publique la comptabilité de caisse et non celle des engagements.

Presque tous les pays qui pratiquent la comptabilité sur la base des engagements fixent des normes comptables nationales et beaucoup se réfèrent à des normes internationales telles que les IPSAS .

Le G20

Le **G20** a été créé en 1999 en tant que forum des 20 plus grandes économies du monde pour diriger des actions sur les grandes questions de coopération économique et de bonne gouvernance à l'échelle mondiale. Les membres du G20 sont : l'Argentine, l'Australie, le Brésil, le Canada, la Chine, la France, l'Allemagne, l'Inde, l'Indonésie, l'Italie, le Japon, la Corée, le Mexique, la Russie, l'Arabie Saoudite, l'Afrique du sud, la Turquie, le Royaume-Uni, les États-Unis et l'Union européenne. Des organisations internationales comme le FMI, l'OCDE et la Banque mondiale sont aussi invitées à assister aux sommets du G20. Le G20 s'appuie sur l'expertise de ses membres et des organisations internationales pour donner l'impulsion à des progrès dans des domaines comme les infrastructures, le libre accès aux données et la lutte contre la corruption.

Il est dit dans le **plan d'action 2017 du G20 pour lutter contre la corruption** (adopté en septembre 2016 sous la présidence de la Chine) que « les dépenses publiques sont d'une importance vitale pour nos économies et peuvent être vulnérables à la corruption que la « transparence est essentielle pour dissuader et révéler la corruption ». Le G20 cherche donc à promouvoir une plus grande transparence des processus budgétaires et des contrats publics, notamment au moyen d'un engagement plus poussé des citoyens, de l'ouverture des données et d'une meilleure coordination entre les organisations internationales. Le **groupe de travail du G20 sur la lutte contre la corruption (ACWG)** est responsable de l'application de ce programme en faisant mieux comprendre comment la transparence budgétaire peut appuyer les dispositifs plus larges de lutte contre la corruption et s'y intégrer.

Les autres instruments en rapport du G20 sont :

➢ **Les Principes du G20 pour l'ouverture des données contre la corruption (2014)** qui constituent le fondement de l'accès aux données et de l'information sur le gouvernement ouvert, de leur diffusion et de leur utilisation pour renforcer la lutte contre la corruption. Ces principes reconnaissent que l'ouverture des données offre une plateforme pour contribuer à étendre la participation de la société et à renforcer la co-responsabilité dans des domaines comme les marchés publics, les normes de financement de la politique et la transparence des finances publiques et du budget.

➢ **Les principes directeurs du G20 sur l'intégrité des marchés publics (2015)** qui soulignent que ceux-ci représentent une large part des économies du G20 – 13 % du PIB en moyenne – et que les contrôles sur la gestion financière et d'autres sauvegardes sont nécessaires pour assurer l'intégrité et la rentabilité de la dépense publique.

---

①Comment et pourquoi les utiliser? Les instruments du G20 ne constituent pas des normes juridiques officielles, mais représentent des engagements politiques clairs de la part des gouvernements du G20, et, en tant que tels, ce sont des canaux importants pour coordonner la politique internationale. En mettant leurs politiques et leurs stratégies en conformité avec les instruments du G20, les pays, qu'ils en soient ou non membres, peuvent contribuer à l'effort général d'amélioration de la gouvernance publique dans des domaines essentiels.

Lien : **http://g20.org**

Initiative mondiale sur la transparence des finances publiques (GIFT)

L'Initiative mondiale sur la transparence des finances publiques (GIFT) a été lancée en 2011 en tant que réseau d'action de parties prenantes multiples pour faire progresser la transparence, la participation et la responsabilité budgétaires dans le monde. Les responsables fondateurs de GIFT sont la Banque mondiale, le FMI, le Partenariat budgétaire international (IPB) et les ministères/secrétariats du budget des gouvernements du Brésil et des Philippines. La Fédération internationale des comptables s'y est ajoutée en 2014 en tant que sixième responsable. Deux douzaines d'autres organisations officielles ou de la société civile et des agences et de donateurs sont responsables de GIFT, notamment l'OCDE (on trouvera des précisions dans www.fiscaltransparency.net). Depuis 2013, GIFT est installée dans les locaux de l'IBP et financée par la Banque mondiale, la fondation William & Flora Hewlett et le réseau Omidyar.

La principale motivation de la création de GIFT était l'insuffisance générale de la transparence budgétaire dans le monde. Mesuré par l'indice d'ouverture budgétaire, les budgets de 77 pays -- comptant la moitié de la population mondiale – ne respectaient pas à ce moment les normes de base de la transparence budgétaire. Certes, il y avait eu certains progrès sur ce plan, mais ils étaient inégaux et lents et il aurait fallu une génération pour obtenir une amélioration significative et durable dans de nombreux pays. En outre, la crise financière mondiale a fait apparaître de sérieuses faiblesses de la transparence budgétaire et conduit à repenser fondamentalement l'approche suivie (voir par exemple l'étude du FMI de 2012 sur la transparence, la responsabilité et les risques budgétaires).

GIFT a été constituée pour susciter une augmentation progressive de l'ouverture des gouvernements en rassemblant de multiples parties prenantes de façon à résoudre les problèmes d'une manière nouvelle et plus coordonnée. Ses travaux ont quatre aspects principaux : le renforcement des incitations ; la progression de l'adaptation des normes mondiales ; l'assistance technique et la constitution de capacités ; la mise en œuvre de nouvelles technologies.

Une des premières actions du réseau a été de formuler une nouvelle série de *Principes de haut niveau sur la transparence, la participation et la responsabilité budgétaires*. Comme l'illustre le graphique ci-dessous, ils sont conçus pour se superposer à l'ensemble actuel de standards, normes et instruments internationaux, promouvoir une plus grande cohérence de ces instruments et encourager la création de nouveaux là où il y a des lacunes.

Les principes de haut niveau de GIFT ont été entérinés en 2012 par l'Assemblée Générale des Nations-Unies (AGNU), qui a encouragé les États membres redoubler d'efforts, sur une base volontaire, pour accroître la transparence, la participation et la responsabilisation en matière de finances publiques, en tenant compte notamment des principes énoncés dans l'Initiative »

www.un.org/ga/search/view_doc.asp?symbol=A/RES/67/218&Lang=E

Le principe de haut niveau n°10 affirme un droit public à la participation directe de la population à la formulation et à l'application de la politique budgétaire. Comme il y avait peu d'indications sur la façon dont les entités publiques devraient faire participer directement la population à la gestion des ressources publiques, GIFT a lancé un important programme de travail pluriannuel destiné à mieux faire connaître les pratiques des pays et leurs innovations récentes en matière d'engagement des citoyens. GIFT a réalisé huit études de cas nationales sur la participation à la politique budgétaire, conçu un ensemble de *Principes de participation publique à la politique budgétaire* et publié en décembre 2016 un guide de ce nouveau domaine potentiellement évolutif.

Les obligations relatives à la participation publique ont été intégrées au Code de transparence des finances publiques du FMI de 2014 et aux Principes de gouvernance budgétaire de l'OCDE publiés la même année, tandis que l'enquête de 2017 sur l'ouverture budgétaire comprend une section plus développée sur la participation publique qui reprend intégralement les *Principes de participation* de GIFT. En outre, GIFT a mis au point un indicateur mesurant la participation publique à la politique budgétaire qui est un supplément facultatif d'une évaluation PEFA.

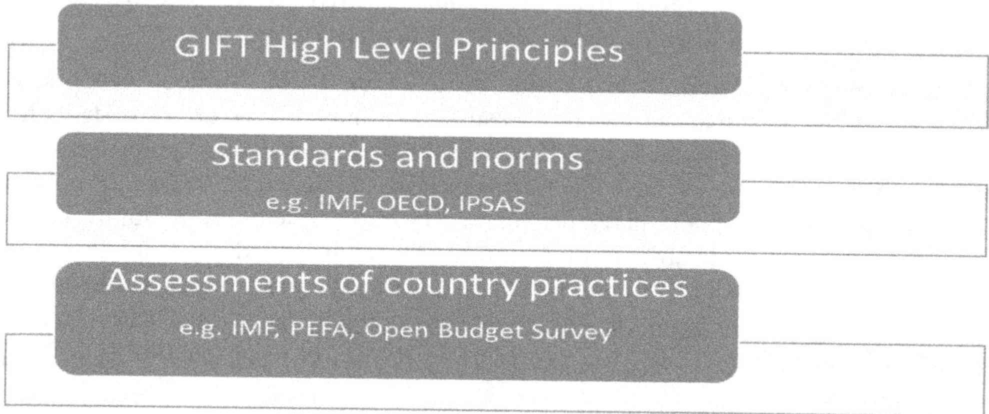

Principes de haut niveau de GIFT; Standards et normes (par exemple FMI, OCDE, IPSAS); Évaluations des pratiques nationales (par exemple FMI, PEFA, Enquête sur l'ouverture budgétaire)

GIFT est à l'origine du Groupe de travail sur l'ouverture budgétaire (FOWG) du Partenariat sur le gouvernement ouvert (OGP) lors du sommet de ce partenariat organise à Londres en 2013 (www.fiscaltransparency.net/fowg/). Le groupe de travail, qui est réuni par GIFT, encourage l'application d'engagements plus ambitieux de transparence du budget des finances publiques pris par les gouvernements membres d'OGP. Il le fait au moyen d'un apprentissage entre pairs et de l'échange d'expériences entre responsables publics ; en réunissant ceux-ci et des experts budgétaires de la société civile pour discuter des réformes sur la transparence et l'ouverture effectuées dans leurs pays et leurs régions ; et en évaluant les progrès de la mise en œuvre des engagements de transparence budgétaire dans les plans d'action d'OGP et en faisant des commentaires sur les projets de plans d'action.

Les travaux de GIFT sur l'application de nouvelles technologies ont été centrés sur la mise au point d'un outil mondial de publication d'informations budgétaires sous la forme de données ouvertes. Ils ont été menés en collaboration avec Open Knowledge pour concevoir une plateforme technique avec le système BOOST de la Banque mondiale (qui produit des données budgétaires) et avec certains gouvernements, dont ceux du Brésil et du Mexique, pour tester l'outil. En septembre 2016, le Mexique est devenu le premier gouvernement à publier son budget sous forme de données ouvertes en s'appuyant sur GIFT.

GIFT a également publié de nombreuses études sur les causes et les effets de l'ouverture budgétaire, notamment des études de cas, des méta-évaluations et des travaux de recherche sur les incitations.

Partenariat budgétaire international (IBP)

Le **Partenariat budgétaire international (IPB)** a été formé en 1997 pour préconiser des processus budgétaires transparents, inclusifs et responsables en tant que moyen d'améliorer la gouvernance et de réduire la pauvreté à l'échelle mondiale. Les travaux de l'IBP, qui portent sur les citoyens et la société civile, comprennent : le renforcement des compétences et des connaissances des organisations nationales de la société civile ; l'étude et le suivi de l'état de la transparence, de la participation et de la responsabilité budgétaires dans le monde ; la prise de contact avec des parties prenantes internationales pour les encourager à jouer un plus grand rôle dans les questions budgétaires, le recueil de preuves rigoureuses pour mesurer les progrès des gouvernements sur le plan de l'ouverture ainsi que l'influence de l'IBP et de ses partenaires pour faire connaître des pratiques plus stratégiques et efficaces.

➢ Depuis 2006, l'IBP effectue une <u>enquête semestrielle sur l'ouverture budgétaire</u> qui est une mesure unique, mondiale, indépendante et comparable des pratiques des gouvernements en matière de transparence, de participation et de supervision budgétaires. L'enquête de 2015 porte sur 102 pays et la prochaine (en 2017) en couvrira 115. Cela fait de cette enquête la série de données la plus importante et la plus régulièrement réalisée sur le degré d'ouverture avec lequel les gouvernements nationaux/centraux gèrent les finances publiques. Les données sont collectées au moyen du **Questionnaire de l'enquête sur l'ouverture budgétaire** qui comprend un total de 142 questions et principes directeurs concernant trois piliers du système de responsabilité :

- **Transparence budgétaire :** la disponibilité publique, la publication en temps utile et l'exhaustivité de huit documents budgétaires essentiels que, selon les critères internationalement acceptés des bonnes pratiques de la gestion financière publique, tous les pays devraient publier à différents stades du processus budgétaire. Cette section de l'enquête est utilisée pour calculer **l'indice d'ouverture budgétaire** au moyen duquel les pays reçoivent un score compris entre 0 et 100 et sont classés en fonction de leur degré de transparence budgétaire.

- **Participation budgétaire :** les possibilités que les gouvernements offrent à la société civile et à la population en général de participer au processus budgétaire afin de contribuer aux décisions sur les modalités de mobilisation et de dépense des ressources publiques et pour influencer ces décisions.

- **Supervision budgétaire :** le rôle et l'efficacité des institutions officielles (institutions budgétaires indépendantes, parlements et institutions suprêmes d'audit) pour comprendre, surveiller et influencer les modalités de mobilisation et de dépense des ressources publiques.

Beaucoup des critères utilisés dans l'enquête s'inspirent de ceux fixés par les organisations multilatérales, par exemple le **Code des bonnes pratiques en matière de finances publiques** du FMI, l'Initiative pour la responsabilité en matière de dépenses et de finances publiques (PEFA), **Transparence budgétaire : les Meilleures pratiques de l'OCDE** et la **Déclaration de Lima sur l'Organisation internationale des institutions supérieures de contrôle des finances publiques.**

ⓘComment et pourquoi utiliser l'enquête? Elle est conçue de façon à être facilement comprise par un large lectorat. Elle emploie des critères d'évaluation clairs du fait des indicateurs/des questions et des principes directeurs qui figurent dans le questionnaire sur l'ouverture budgétaire, par exemple une définition spécifique et mesurable de la « disponibilité publique de l'information ». Dans tous les pays évalués, les questionnaires sont remplis et revus par des experts budgétaires non affiliés aux pouvoirs publics ou à un parti politique. En outre, les questions posées sont factuelles et il faut donner des références et des explications pour que les réponses soient acceptées. Cela fait du questionnaire sur l'ouverture budgétaire un recueil d'informations d'une indépendance et d'une objectivité uniques sur l'état de l'ouverture budgétaire dans le monde. Les résultats sont disponibles publiquement et peuvent être utilisés par toute personne qui souhaite connaître les tendances, les progrès et les reculs au niveau national, régional et mondial. Les agences de développement, les organisations de la société civile et les responsables gouvernementaux s'en sont servis pour trouver des moyens concrets d'améliorer la transparence. En se concentrant sur des indicateurs spécifiques et les réponses notées, les responsables nationaux peuvent diagnostiquer les faiblesses, distinguer les lacunes et définir des stratégies pour donner plus d'ouverture au budget.

Lien : www.internationalbudget.org/publications/open-budget-survey-2017-guide-questionnaire-english/

Découvrez ici les résultats de l'enquête sur l'ouverture budgétaire : http://survey.internationalbudget.org/

L'IPB publie aussi des guides et des études qui développent certains des éléments évalués dans l'enquête sur l'ouverture budgétaire, en particulier :

➢ « Le pouvoir de simplifier » guide progressivement les gouvernements dans les différentes étapes de la production d'un budget des citoyens et fait des suggestions sur les moyens de résoudre les difficultés qui se présentent souvent à cette occasion. Il est complété par une section dédiée du site Internet de l'IBP qui indique également comment construire un budget des citoyens, donne de nombreux exemples et contient des considérations sur l'importance de ce document pour démontrer l'engagement institutionnalisé d'un gouvernement à garantir que les citoyens comprennent bien les différentes façons dont le budget influe sur leur vie.

Lien : www.internationalbudget.org/opening-budgets/citizens-budgets/

> ➢ **Guide de la transparence des rapports budgétaires des gouvernements** : ce guide répond aux questions suivantes : « pourquoi les rapports budgétaires sont-ils importants » et « que doivent-ils contenir ? ». Il aide les gouvernements à respecter les bonnes pratiques internationales de transparence budgétaire en expliquant quels sont les principaux rapports et documents qu'ils doivent établir et diffuser dans le cadre de la procédure budgétaire, quelles informations on doit y trouver et en donnant des exemples de modèles de documents émanant d'autres pays. Le guide couvre chacun des huit principaux documents budgétaires : la déclaration préalable au budget, le projet de budget de l'exécutif, le budget des citoyens, le budget promulgué, les rapports intrannuels, l'examen en milieu d'année, le rapport de fin d'année et le rapport d'audit.
>
> **Lien :** www.internationalbudget.org/publications/guide-to-transparency-in-government-budget-reports-why-are-budget-reports-important-and-what-should-they-include/

Fédération internationale des comptables (IFAC) et Bureau des normes comptables internationales du secteur public (IPSASB)

La <u>Fédération internationale des comptables (IFAC)</u> est l'organisation mondiale de la profession comptable qui sert l'intérêt public en renforçant cette profession et en contribuant au développement d'une économie internationale forte. Fondée en 1977, l'IFAC comprend plus de 175 membres et associés situés dans plus de 130 pays et juridictions qui représentent près de 3 millions de comptables exerçant en indépendants, dans l'éducation, le service public, l'industrie et le commerce.

Avec une organisation qui en est membre, le Chartered Institute of Public Finance and Accountancy (CIPFA), IFAC a conçu le *Cadre international de bonne gouvernance dans le secteur public* (2014) pour encourager plus d'efficacité en ce domaine. Le cadre souligne que la qualité de la gestion financière et la discipline qui en résulte sont essentielles à l'application des politiques du secteur public car elles facilitent l'allocation stratégique des ressources, l'efficacité de la prestation de services, une plus grande responsabilité et de meilleurs résultats pour tous les citoyens.

Afin de promouvoir une collaboration et une gestion financière publique plus efficace à l'échelle mondiale, l'IFAC a lancé l'<u>**Initiative responsabilité maintenant**</u>, qui s'efforce d'améliorer les normes d'information du secteur public dans le monde. Elle pousse les gouvernements à reconnaître l'importance de travailler à l'établissement d'une information financière conforme aux normes internationales basées sur les engagements, intitulées <u>IPSAS</u>. L'objectif est d'aider les gouvernements sur toute la planète à prendre de meilleures décisions ainsi qu'à devenir plus transparents et responsables. Des progrès de la comptabilité et de l'information financières publiques sont indispensables pour traiter les problèmes mis en lumière par les crises économiques et budgétaires mondiales. C'est un moyen d'éclairer les politiques des gouvernements ainsi que de rendre les services publics -- et les économies -- plus viables et résilients à long terme.

En outre, l'IFAC a établi les documents suivants qui concernent les activités évoquées dans cette panoplie :

- *Une gestion intégrée plutôt qu'autonome : Intégrer la gestion des risques à la gestion de l'organisation* (2015), qui positionne la gestion des risques et le contrôle interne conformément à l'intention initiale comme un processus très pertinent et utile qui contribue à la prise des décisions relatives à l'organisation et à la réussite à long terme.

- *Les principes relatifs à des processus d'information professionnelle efficaces* (2013) présentent 11 principes essentiels ainsi que des indications pratiques d'application pour aider les comptables dans leur activité et leurs organisations à évaluer et à améliorer leurs processus de « reporting » et à produire des informations financières de grande qualité.

- *L'évaluation et l'amélioration du contrôle interne dans les organisations* (2012) guide les comptables dans leur activité et leurs organisations à constamment améliorer et le contrôle interne en s'assurant qu'il joue intégralement son rôle dans leurs systèmes de gouvernance et de gestion des risques.

L'IFAC apporte aussi son concours à quatre instances indépendantes de normalisation, dont le **Bureau des normes internationales du secteur public (IPSASB)** ; celui-ci établit les normes IPSAS, basées sur les engagements, qui servent à la préparation des états financiers à finalité générale des administrations et des autres entités du secteur public dans le monde entier. Avec ces normes, l'IPSASB cherche à améliorer la qualité, la cohérence et la transparence de l'information financière du secteur public à l'échelle internationale. En outre, il formule des recommandations, facilite l'échange d'informations entre les comptables et les autres travailleurs du secteur public et favorise l'acceptation des normes IPSAS et la convergence internationale vers elles.

L'IPSASB a un seul objectif stratégique : renforcer la gestion financière publique et les connaissances en ce domaine à l'échelle mondiale par une adoption croissante des normes IPSAS basées sur les engagements en :

1. concevant des normes d'information du secteur public de grande qualité ;

2. créant d'autres publications pour le secteur public ;

3. faisant mieux connaître les IPSAS et les avantages de leur adoption.

À la date du 1er décembre 2016, IPSASB avait formulé 39 IPSAS (quatre avaient été retirées ou étaient en train de l'être), une IPSAS pour la comptabilité de caisse et trois principes directeurs sur les pratiques recommandées traitant des aspects de l'information financière autres que les états financiers. À la fin de 2014, l'IPSASB a publié le premier cadre conceptuel mondial pour le secteur public.

Créée en 2015, la Commission de l'intérêt public (PIC) de l'IPSASB supervise son activité normative et s'assure qu'elle soit dans l'intérêt public. La commission se compose actuellement de représentants du Fonds monétaire international, de l'Organisation internationale des institutions supérieures de contrôle des finances publiques (INTOSAI), de l'Organisation de coopération et de développement économiques (OCDE) et du groupe de la Banque mondiale. Elle formule des recommandations sur :

- Les termes de référence de l'IPSASB ;

- Les modalités de désignation et de nomination des membres de l'IPSASB ;

- Les procédures et les processus d'élaboration de la stratégie de l'IPSASB, de son plan de travail et des IPSAS.

Le Conseil consultatif fait partie intégrante du processus d'intégration formelle de l'IPSASB. Les représentants au Conseil des organisations membres donnent des avis sur :

- la stratégie, le programme de travail et le calendrier de l'IPSASB, y compris les projets prioritaires ;

- les projets de l'IPSASB, en donnant notamment leur opinion sur des points techniques essentiels ou sur des sujets susceptibles d'empêcher l'adoption ou l'application effective des IPSAS[™] ;

- d'autres questions relatives aux activités normatives de l'IPSASB.

La première réunion du conseil consultatif a eu lieu à Toronto en juin 2016.

Fonds monétaire international (FMI)

Le Fonds monétaire international (FMI), fondé en 1944, compte actuellement 189 pays membres. Il a pour mission *i)* d'assurer la stabilité du système financier international et de promouvoir une croissance viable en examinant l'évolution économique et financière nationale, régionale et mondiale dans le cadre d'un dialogue de politique économique appelé la surveillance; *ii)* d'apporter une aide financière aux pays ayant des besoins en rapport avec la balance des paiements, *iii)* de contribuer au renforcement des capacités des pays membres par l'assistance technique et la formation, y compris dans le domaine budgétaire.

Comment le FMI favorise-il la transparence budgétaire?

Le code de transparence des finances publiques du FMI (CTB), qui fait partie de son *Initiative de transparence budgétaire* constitue la norme mondiale de divulgation d'informations sur les finances publiques. Il pose une série de principes destinés à améliorer la transparence et la responsabilité budgétaires, à contribuer à la formulation de la politique budgétaires, à améliorer la gestion budgétaire et à renforcer le dialogue de politique. D'abord adopté en 1998, le CTB a été corrigé deux fois, en 2007 et en 2014.[1] Le CTB de 2014 comporte un ensemble de principes s'ordonnant autour de quatre « piliers » (voir graphique ci-dessous) qui reflètent l'intérêt du FMI pour les problèmes macrocritiques :

- **Pilier I : La communication des informations sur les finances publiques**, qui devrait fournir des informations pertinentes, exhaustives, ponctuelles et fiables sur la situation financière et les résultats de l'État.

- **Pilier II : Prévisions et budgétisation des finances publiques**, qui devraient offrir une présentation claire des objectifs et des intentions budgétaires de l'État, accompagné de projections exhaustives, ponctuelles et crédibles de l'évolution des finances publiques.

- **Pilier III : Analyse et gestion des risques budgétaire**, qui devraient veiller à la publication, l'analyse et la gestion des risques pour les finances publiques et à une coordination efficace de la prise de décisions budgétaires dans tout le secteur public.

- **Pilier IV : Gestion des recettes des ressources naturelles**, qui devrait offrir un cadre transparent de l'actionnariat, des contrats, de la taxation et de l'utilisation des dotations en ressources naturelles.[2]

Les quatre piliers du code de transparence budgétaire du FMI

Le CTB a été conçu de manière participative avec un examen par les principaux partenaires de la communauté de la transparence, dont des organisations internationales et de la société civile. Il intègre les récentes avancées des normes internationales et met l'accent sur la qualité des informations publiées et l'importance des risques fiscaux, tout en tenant compte des différences de niveau des pays en matière de capacités. Pour chaque principe de transparence, il fait une différenciation entre pratiques de base, bonnes et avancées, pour donner aux pays des repères clairs dans leur évolution vers la conformité complète au code et assurer son applicabilité dans tous les pays membres du FMI.

Comment et pourquoi utiliser le code?

Les évaluations de la transparence budgétaire (ETB), évaluent les pratiques des pays au regard du code qui remplace l'ancien Rapport sur l'observation des normes et des codes). Les ETB procurent aux pays une évaluation complète de leur transparence budgétaire, chiffrent les risques budgétaires auxquels ils font face et établissent un plan d'action comportant des étapes et des priorités pour respecter les bonnes pratiques de transparence définies par le code de transparence budgétaire.

Les ETB sont effectuées à la demande des pays ; elles font partie du dialogue constant de politique pratiqué par le FMI et de ses efforts de renforcement des capacités. Plusieurs ETB portant sur une large gamme de pays ont été effectuées (voir http://www.imf.org/external/np/fad/trans/).[3]

Quels sont les instruments complémentaires?

Le FMI a conçu d'autres outils de diagnostic budgétaire pour compléter le CTB ; tous comprennent des questions portant sur la transparence dans leurs domaines particuliers. Les services du FMI ont travaillé avec d'autres parties prenantes pour garantir que les normes et principes directeurs en matière de transparence budgétaire convergent pleinement et envoient des messages cohérents se renforçant mutuellement. On peut citer les instruments complémentaires suivants :

- **Le Manuel des statistiques de finances publiques (MSFP), 2014**, qui constitue la norme internationale pour établir et communiquer les statistiques de finances publiques, notamment pour publication dans l'édition annuelle des SFP du FMI (voir www.imf.org/external/Pubs/FT/GFS/Manual/2014/gfsfinal.pdf).

- **Le modèle d'évaluation des risques budgétaires des partenariats public-privé (PFRAM)**, un outil analytique qui sert à évaluer les coûts et les risques budgétaires qui peuvent découler des projets de PPP (voir www.imf.org/external/np/fad/publicinvestment/index.htm#4).

- **L'instrument d'évaluation de la gestion des investissements publics (PIMA)** qui évalue 15 institutions qui prennent des décisions aux trois principaux stades du cycle de l'investissement public : la *programmation* d'investissements viables dans tout le secteur public ; l'*allocation* de l'investissement aux secteurs et projets appropriés ; et l'*exécution* des projets dans les délais et dans les limites du budget (voir www.imf.org/external/np/fad/publicinvestment/index.htm#3).

- **La responsabilité en matière de dépenses et de finances publiques (PEFA)** (en liaison avec d'autres partenaires), outil qui aide les gouvernements à évaluer les pratiques en matière de gestion financière publique (GFP).

- **L'outil d'évaluation diagnostic de l'administration fiscale (TADAT)** (en liaison avec d'autres partenaires), conçu pour donner une évaluation objective de la santé des principales composantes de l'administration fiscale d'un pays (voir www.tadat.org/overview/overview.html).

Qu'attendre maintenant?

- L'achèvement du pilier IV du CTB et la soumission du CTB complet à l'approbation du Conseil d'administration du FMI.

- La finalisation d'un manuel de transparence budgétaire en deux volumes qui donnera des indications plus précises sur l'application des principes et des pratiques du code. Le volume I couvrira les piliers I, II et III ; le volume IV couvrira le pilier IV

Notes

1. Deux documents de travail du Conseil d'administration du FMI présentent le travail en cours sur la transparence budgétaire: le premier, qui date de 2012, porte sur « la transparence, la responsabilité et le risque budgétaires » et le second, qui date de 2014, est une « actualisation de l'initiative sur la transparence des finances publiques » (disponible sur www.imf.org/external/np/fad/trans/).

2. Ce pilier est encore en cours de mise au point. Un projet de pilier IV a déjà fait l'objet de deux consultations publiques et est piloté sur le terrain.

3. En novembre 2016, 19 ETB avaient été effectuées, dont 14 sont publiées ; une dizaine d'autres sont en cours de réalisation.

Organisation de coopération et de développement économiques (OCDE)

L'**Organisation de coopération et de développement économiques (OCDE)** a été fondée en 1961 pour promouvoir de « meilleures politiques pour une vie meilleure », en matière de développement économique et dans une large gamme de secteurs comme l'éducation et la santé. Elle a aussi pour mission de s'occuper de coopération fiscale, de l'intégrité du secteur public, des infrastructures et du gouvernement numérique. Les principaux thèmes et priorités des travaux de l'OCDE sont le bien-être des citoyens, la croissance solidaire et la confiance dans les pouvoirs publics.

S'agissant de la gestion financière publique, l'OCDE réunit le réseau de pairs des **Hauts responsables budgétaires (HRB)** et ses réseaux régionaux, qui discutent des meilleures pratiques et contribuent à la fixation de normes. Les normes internationales et les documents d'orientation produits par l'OCDE comprennent :

> **Transparence budgétaire : les meilleures pratiques de l'OCDE (2002)** : elles définissent la transparence budgétaire comme « *le fait de faire pleinement connaître, en temps opportun et de façon systématique, l'ensemble des informations budgétaires* » et retiennent trois éléments sur ce point. *Premièrement,* **sept principaux rapports relatifs au budget** sont décrits dans leurs grandes lignes. *Deuxièmement,* **« des diffusions spécifiques »**sont mentionnées – en d'autres termes, divers types d'informations (comme les hypothèses économiques, l'actif et le passif financiers et les engagements conditionnels) qui doivent figurer dans les rapports budgétaires. *Troisièmement,* les importantes questions de l'**intégrité, du contrôle et de la responsabilité** sont évoquées, notamment la clarté des politiques comptables, les processus de contrôle interne, les rapports de l'institution supérieure de contrôle des finances publiques ainsi que le contrôle du public et du parlement.

---

①**Comment et pourquoi les utiliser?** Les meilleures pratiques de l'OCDE sont courtes, claires et concises, tout en couvrant une large gamme de bonnes pratiques en matière de transparence budgétaire distinguées par les pays de l'OCDE. Il faut les utiliser pour disposer d'un aperçu général des thèmes importants et pour recenser rapidement les principales déficiences auxquelles il faut remédier. Bien que certaines pratiques présentées soient encore relativement avancées, il convient pour les orientations les plus modernes (par exemple sur des thèmes comme le libre accès aux données et la budgétisation à moyen terme), de compléter les meilleures pratiques en consultant d'autres documents d'orientation.

Lien : http://oe.cd/FL

> **La Recommandation du Conseil sur la gouvernance budgétaire (2015)** : la gouvernance budgétaire recouvre les processus, les lois, les institutions et les structures mis en place pour formuler et produire le budget, superviser son application et assurer sa conformité aux objectifs publics. La recommandation de l'OCDE sur la gouvernance budgétaire énonce **dix principes budgétaires** (voir ci-dessous), en présentant un aperçu général de la façon dont les divers aspects de la budgétisation moderne -- notamment les règles budgétaires, la budgétisation axée sur la performance, les cadres à moyen terme, les parlements et les autres

institutions -- doivent s'interconnecter pour former un cadre cohérent et efficace. Les principes « intègrent et actualisent » de nombreux éléments des Meilleures pratiques antérieures, par exemple en introduisant le principe d'un débat budgétaire participatif et inclusif.

Les dix principes budgétaires de l'OCDE

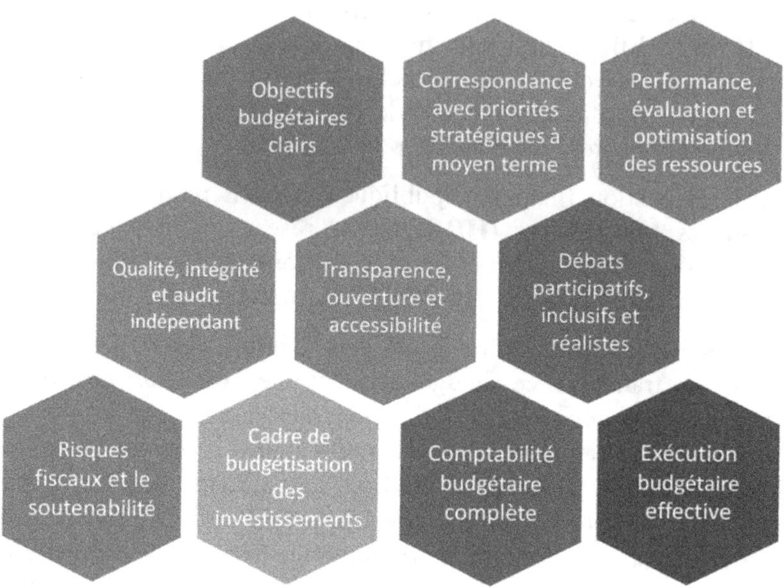

①Comment et pourquoi l'utiliser? Parce que c'est un instrument juridique officiel de l'OCDE, les membres de l'organisation doivent adhérer à la *Recommandation sur la gouvernance budgétaire ;* les pays non membres de l'OCDE peuvent aussi le faire afin de démontrer leur engagement à respecter les principes budgétaires. Il convient de les utiliser pour avoir une vision qualitative et complète du système de budgétisation et de la manière dont il se relie à d'autres piliers de la gouvernance publique moderne, en particulier l'intégrité, le libre accès aux données et l'établissement de liens entre la budgétisation et la programmation d'objectifs stratégiques. Les principes sont également conçus pour contribuer utilement à la budgétisation aux niveaux national, régional et communal. Les pays peuvent demander **des examens budgétaires par l'OCDE**, effectués en utilisant les principes budgétaires, qui sont discutés entre pairs dans les réseaux HBR et régionaux.

Lien : http://oe.cd/UA

Voir également :

- ➢ Principes de l'OCDE à l'usage des institutions budgétaires indépendantes (2014) : orientation officielle sur la conception et la gouvernance des conseils budgétaires indépendants et des offices budgétaires parlementaires. **Lien :** http://oe.cd/FN

- ➢ Principes de l'OCDE applicables à la gouvernance publique des partenariats public-privé (2012) : orientation officielle sur la façon dont les gouvernements peuvent rentabiliser l'argent public et gérer les risques de la conception et de l'exécution de projets financés par des PPP. **Lien :** http://oe.cd/1xT

- ➢ Recommandation du Conseil sur les stratégies numériques gouvernementales (2014) : orientation officielle sur l'approche numérique du gouvernement, notamment le libre accès aux données pour promouvoir une politique publique déterminée par les citoyens. **Lien :** http://oe.cd/DigGovRev

- ➢ Recommandation du Conseil sur les marchés publics (2015) : orientation officielle sur l'utilisation des marchés publics comme outil stratégique pour atteindre l'efficience et les objectifs de politique publique. **Lien :** http://oe.cd/W7

Responsabilité en matière de dépenses et de finances publiques (PEFA)

PEFA a été lancée en 2001 comme moyen d'harmoniser l'évaluation de la gestion financière publique (GFP) par les organisations partenaires du développement. Il résulte d'une initiative commune de sept partenaires internationaux du développement : la Commission européenne, le Fonds monétaire international, la Banque mondiale ainsi que la France, la Norvège, la Suisse et le Royaume-Uni.

L'objectif de PEFA est de fournir une méthodologie standard et un instrument de référence pour les évaluations par diagnostic de la GFP. Elle a aussi vocation à constituer, une base de dialogue sur les stratégies et les priorités de réforme ainsi qu'un ensemble partagé d'informations qui pourrait contribuer plus largement à la recherche et à l'analyse de la GFP. Depuis 2001, PEFA est devenue la norme reconnue des évaluations de la GFP. Plus de 540 rapports d'évaluation de la GFP de 150 pays aux échelons nationaux et infranationaux avaient été réalisés à la date du 1er octobre 2016.

Comment fonctionne PEFA ?

PEFA évalue les forces et les faiblesses de la GFP au moyen d'indicateurs quantitatifs basés sur les bonnes pratiques internationales de mesure des performances. Elle est conçue de façon à donner une image rapide de la performance de la GFP à un moment donné en employant une méthodologie qui peut être répliquée dans les évaluations successives, ce qui donne un résumé des changements intervenus au fil du temps. Le cadre PEFA comprend un rapport qui donne un aperçu général du système de GFP et une mesure factuelle au regard de 31 indicateurs de performance. Il donne aussi une évaluation des conséquences pour la performance globale du système et les résultats souhaitables de la gestion financière publique. Il constitue un fondement pour la programmation de réformes, le dialogue sur la stratégie et les priorités ainsi que le suivi des progrès effectués.

PEFA est un instrument qui aide les gouvernements à obtenir des améliorations durables des pratiques de GFP dans le cadre d'une évaluation intégrée et basée sur des faits de sept piliers de la GFP.

Les 7 piliers de la performance de la GFP

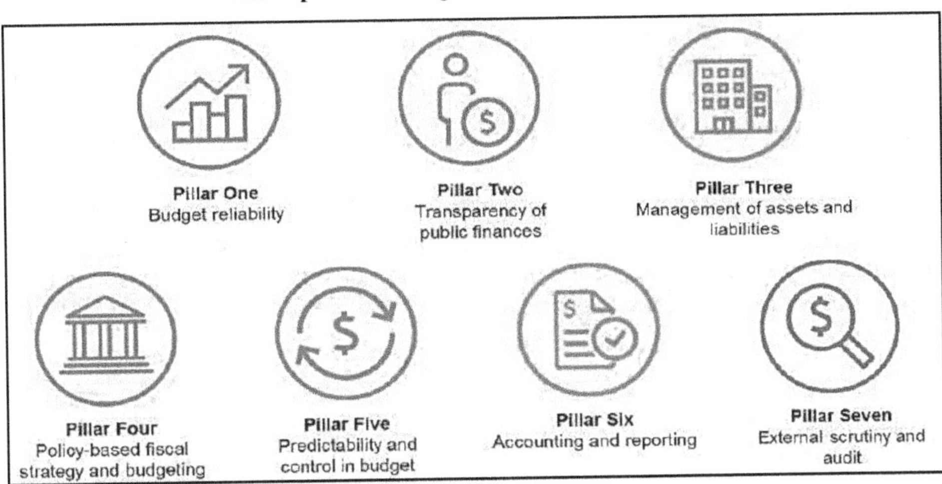

Pilier 1 : Fiabilité du budget ; Pilier 2 : Transparence des finances publiques ; Pilier 3 : Gestion des actifs et des passifs ; Pilier 4 : Stratégie budgétaire et établissement du budget fondés sur les politiques publiques ; Pilier 5 : Prévisibilité et contrôle de l'exécution du budget ; Pilier 6 : Comptabilité et établissement de rapports ; Pilier 7 : Supervision et audit externe.

Les rapports PEFA décrivent l'environnement économique du secteur public, examinent la nature de la stratégie et de la programmation des politiques et analysent comment les décisions budgétaires sont appliquées. Ils évaluent les conséquences des forces et des faiblesses de la GFP pour la discipline budgétaire globale, l'allocation stratégique des ressources et l'efficience de la prestation de services.

PEFA examine les contrôles utilisés par les gouvernements pour s'assurer que les ressources sont obtenues et employées comme prévu. Elle met l'accent sur la transparence et la responsabilité en termes d'accès à l'information, de rapports et d'audits ainsi que sur le dialogue en matière de politiques et d'actions de GFP. PFA s'intéresse aux institutions, à la législation, aux réglementations, au contrôle interne et aux normes utilisés par les États dans le processus de GFP. Elle examine également les résultats de l'application de la GFP dans des domaines essentiels comme les résultats budgétaires, l'efficacité des contrôles, la ponctualité des rapports ainsi que l'application des constatations et des recommandations des audits.

①**Comment et pourquoi utiliser PEFA ?** Les gouvernements se servent de PEFA pour avoir une image instantanée de leurs propres performances sur le plan de la GFP. PEFA offre une base commune pour analyser cette performance à l'échelon national et infranational. Outre les gouvernements, les autres utilisateurs de PEFA sont les organisations de la société civile, et les institutions de développement international. Les scores et les rapports de PEFA permettent à tous les utilisateurs des informations d'avoir une vue d'ensemble rapide des forces et des faiblesses du système de la GFP d'un pays. Les utilisateurs voient aussi les conséquences des performances globales pour les grands objectifs de discipline budgétaire, d'allocation des ressources et d'efficience de la prestation de services ainsi que pour les sept piliers concernant les activités de GFP.

L'analyse PEFA contribue au dialogue sur le besoin et les priorités de réforme de la GFP. Elle donne une impulsion à cette réforme et joue le rôle de catalyseur de l'action. Elle aide les gouvernements à recenser les domaines dans lesquels il faut poursuivre l'analyse et les examens. Elle encourage la coordination entre les parties prenantes dans un cadre d'évaluation commun et bien accepté.

La plupart des pays qui ont utilisé PEFA l'ont fait successivement à quelques années d'intervalle pour suivre les progrès effectués au fil du temps, de façon à recibler et à rénover leur programme de réforme de la GFP.

Quels sont les autres avantages de PEFA?

Outre la méthodologie et les rapports, le programme donne des indications pour l'analyse et l'information. Il fournit une aide, un suivi et une analyse des évaluations PEFA. Le Secrétariat de PEFA dispense librement des conseils sur l'emploi de cette méthode comme l'une des nombreuses sources d'informations pour examiner et améliorer la performance de la GFP. Des indications détaillées à l'intention des gouvernements, des gestionnaires de projets, des évaluateurs et des utilisateurs des rapports PEFA sont disponibles sur le site www.pefa.org. Ce site donne aussi des informations sur plus de 540 rapports PEFA et est constamment actualisé. Il permet de connaître les scores de performance et d'autres données tirées de tous les rapports publiés. C'est le dépositaire des études sur PEFA.

Groupe de la Banque mondiale

A l'instar du FMI, le **Groupe de la Banque mondiale** a été établi en 1944 dans le cadre de l'accord de Bretton Woods. Il a pour mission de réduire la pauvreté et de promouvoir le développement dans le monde en accordant une assistance financière et en apportant des conseils et une aide pour une bonne gouvernance. La Banque mondiale s'est engagée à encourager la transparence budgétaire aux niveaux mondial et national ; elle reconnaît sa contribution à la stabilité macroéconomique, à une plus grande efficience et équité de la politique budgétaire et à une confiance accrue de la population à l'égard de l'État.

Au moyen d'un certain nombre de programmes et de projets, la Banque mondiale s'est appuyée sur des plateformes et des initiatives internationales pour aider les gouvernements clients à concevoir et à appliquer des réformes de transparence budgétaire ainsi qu'à améliorer la gouvernance budgétaire. Elle a aussi travaillé, en liaison étroite avec des institutions partenaires, pour définir et diffuser de bonnes pratiques internationales dans le but d'aider les pays à mieux bénéficier des dividendes de la transparence.

Comment la Banque mondiale promeut-elle la transparence budgétaire?

Le cadre de responsabilité en matière de dépenses et de finances publiques (PEFA) – La Banque mondiale est l'un des principaux partenaires institutionnels du cadre PEFA. L'une des 18 recommandations/actions proposées par l'Association internationale de développement (IDA) au titre du pilier de la gouvernance et des institutions est d'aider au moins 10 pays de l'IDA à effectuer une deuxième ou d'autres évaluations PEFA, dans le cadre de l'objectif plus large d'amélioration des dépenses publiques, de la gestion financière et des marchés publics.

BOOST - Boost favorise l'usage efficace de données budgétaires pour faire progresser la prise de décision, la transparence et la responsabilité en ce domaine. Le programme s'efforce de mettre des données budgétaires bien classées et très désagrégées à la disposition des décideurs et des praticiens au sein des administrations, parmi les chercheurs et dans la société civile. Le programme aide les gouvernements clients à nettoyer, vérifier, organiser et diffuser la totalité de leurs bases de données sur les dépenses publiques sous des formes lisibles par les machines et facilement accessibles. Il facilite la diffusion des bases de données BOOST des pays au moyen *i)* du portail de la Banque mondiale sur les budgets ouverts, un guichet unique pour les microdonnées budgétaires l'échelle mondiale et *ii)* par la création de portails Internet nationaux. En outre, le programme forme des acteurs extérieurs à l'État, comme des représentants des offices de statistiques et des journalistes, sur la façon d'obtenir et d'utiliser les données budgétaires pour améliorer le dialogue de politique sur la dépense publique.

Les contrats ouverts – Le programme de contrats ouverts aide les gouvernements clients à adopter des normes, pratiques et méthodologies pour développer l'information et la participation dans le domaine des contrats publics. Cela implique la communication d'informations concernant les contrats publics, allant de la programmation jusqu'à l'attribution des contrats et à leur application, afin de permettre un suivi efficace de la manière dont les gouvernements dépensent l'argent du contribuable et une responsabilisation à cet égard.

OpenGov Global Solutions Group (GSG) – Cette entité a pour objectif d'améliorer la coordination des efforts de la Banque mondiale en faveur des réformes au titre du gouvernement ouvert qui comprennent les pratiques de transparence budgétaire en matière de divulgation d'informations, de couverture, de contenu, d'accessibilité et de réutilisation. Cela assure à la Banque mondiale un rôle directeur dans la définition du programme mondial d'initiatives de gouvernement ouvert qui se développe et lui permet de mieux répondre à la demande en augmentation des clients pour ce travail. Il s'agit aussi d'un moyen de promouvoir l'étude, la conception, l'application et l'évolution des réformes portant sur le gouvernement ouvert.

Examens des dépenses publiques (EDP) – Ils concernent à la fois le niveau et la structure des dépenses publiques d'un pays afin d'évaluer leur efficacité et leur équité ainsi que recenser les goulets d'étranglement et les autres problèmes qui s'opposent à une plus grande efficacité des dépenses. Ces rapports de la Banque mondiale publiés chaque année sont mis à la disposition de la population et supervisés par une large gamme de parties prenantes, dont des représentants de la société civile.

Le système d'information sur la gestion financière (FMIS) – l'enquête sur les données d'ouverture budgétaire – Cette évaluation détaillée analyse les modalités d'utilisation possibles de FMIS, non seulement pour la comptabilité publique et le contrôle budgétaire, mais aussi pour publier des données fiables sur l'ouverture budgétaire et promouvoir la transparence. Elle définit des indicateurs sur l'existence, la source, la fiabilité, la portée et le contenu pour évaluer les plateformes de publication d'Internet.

Les responsables de GIFT, l'OGP et le groupe de travail de l'OGP sur l'ouverture budgétaire (FOWG) –En tant que responsable fondatrice de GIFT, la Banque mondiale aide le réseau et travaille en liaison étroite avec le directeur de GIFT et l'équipe de coordination. Elle collabore avec GIFT pour soutenir la transparence budgétaire au moyen du groupe de travail FOWG. De plus, l'une des 18 recommandations/actions proposées par l'AID au titre du pilier gouvernance et institutions est d'aider au moins un tiers des pays de l'AID à rendre opérationnels les engagements de réformes dans le sens du programme OGP -- notamment les engagements en matière de transparence budgétaire – afin que les gouvernements soient plus transparents, responsables, participatifs et inclusifs.

Autres organisations et normes en rapport

Outre les organisations mentionnées ci-dessus qui traitent les aspects généraux de la transparence budgétaire, il existe certaines autres organisations professionnelles et de proposition qui soutiennent les avantages de la transparence dans leurs domaines.

l'**Initiative pour la transparence dans les industries extractives (EITI)** a été lancée en 2003 pour promouvoir une gestion intègre des recettes du secteur extractif (ressources en pétrole, gaz, métaux, minerais, etc.), car il a été vulnérable à une corruption systématique dans de nombreux pays. La norme EITI préconise une transparence complète de tous les flux financiers liés à l'extraction de ressources naturelles.
www.eiti.org

INTOSAI est l'Organisation internationale des institutions supérieures de contrôle des finances publiques (les instances nationales de contrôle externe des comptes des administrations). Fondée en 1953, elle compte maintenant 194 membres à part entière et 5 membres associés ; elle promeut le partage des connaissances et la fixation de normes dans l'ensemble de la communauté mondiale de ces institutions. Les normes internationales des institutions supérieures de contrôle des finances publiques (ISSAI) sont les normes professionnelles et les principes directeurs des meilleures pratiques promulgués par INTOSAI.
www.intosai.org

Transparency International a été créé en 1993 pour préconiser des pratiques de lutte contre la corruption rigoureuses et efficaces dans le monde. Ses activités principales sont : élaborer des conventions et des normes internationales ; dénoncer le détournement systématique de la richesse nationale par les dirigeants ; s'assurer que les élections soient organisées de façon ouverte et équitable conformément aux normes démocratiques et s'assurer que les sociétés internationales puissent être tenues de rendre compte de leurs actions dans leurs pays et à l'étranger.
www.transparency.org

Chapitre 2

La transparence budgétaire appliquée dans différents domaines : outils d'orientation de l'OCDE par thèmes et sur les ressources

Les normes et lignes directrices en matière de transparence budgétaire les plus intéressantes diffèrent selon les institutions et les secteurs. Le présent chapitre permet aux utilisateurs de se repérer directement dans les ressources en matière de transparence dans cinq dimensions essentielles : (i) le gouvernement, ou branche exécutive, (ii) le parlement, ou branche législative, (iii) les institutions publiques indépendantes, y compris les offices d'audit et les conseils des finances publiques, (iv) les citoyens et les organisations de la société civile et (v) le secteur privé, y compris son rôle dans le domaine des infrastructures et de la gestion des ressources naturelles.

 **Se repérer dans les normes et directives internationales**

Le chapitre 2 de la Panoplie utilise des « panneaux indicateurs » pour vous orienter vers les normes internationales établies et les ressources supplémentaires. Le tableau ci-dessous présente les abréviations utilisées.

Normes internationales fondamentales et principaux cadres de référence sur le budget et la transparence financière

Normes officielles / instruments juridiques

Code FMI	FMI (2014), *Code de transparence des finances publiques*
Principes budgétaires de l'OCDE	OCDE (2015), *Recommandation du Conseil sur la gouvernance budgétaire*

Autres documents de référence essentiels

Principes de haut niveau de GIFT	GIFT (2012), *Principes de haut niveau sur la transparence, la participation et la responsabilisation en matière de finances publiques*
Enquête IPB	IBP (2017), *Guide to the Open Budget Questionnaire*
Meilleures pratiques de l'OCDE	OCDE (2002), *Transparence budgétaire : Les meilleures pratiques de l'OCDE*
PEFA	PEFA (2016), *Framework for assessing public financial management*

Autres directives, outils et normes professionnelles/techniques sur le plan international

Normes CPA	Commonwealth Parliamentary Association (2015), Recommended Benchmarks for Democratic Legislatures
EITI	EITI (2016), The EITI Standard 2016
Participation publique GIFT	GIFT (2015), Principes de haut niveau sur la transparence, la participation et la responsabilisation en matière de finances publiques
Données ouvertes G20	G20 (2015), G20 anti-corruption Open Data Principles
FMIS FMI	FMI (2014), Government Finance Statistics Manual
IPSAS	IPSASB (2016), International Public Sector Accounting Standards
ISSAI	International Organisation of Supreme Audit Institutions, The International Standards of Supreme Audit Institutions

Charte sur les données ouvertes	International Open Data Charter http://opendatacharter.net/
Stratégies numériques gouvernementales OCDE	OCDE (2014), Recommandation du Conseil sur les stratégies numériques gouvernementales
Principes IBI OCDE	OCDE (2014), Recommandation du Conseil sur les Principes relatifs aux institutions budgétaires indépendantes
Marchés publics OCDE	OCDE (2015), Recommandation du Conseil sur les marchés publics

Schéma multidimensionnel de la transparence budgétaire

Le présent chapitre de la Panoplie des instruments de transparence budgétaire présente des méthodes alternatives pouvant servir à trouver des éléments de transparence budgétaire et financière qui intéressent les utilisateurs dans tel ou tel domaine, à partir d'un « schéma multidimensionnel de la transparence budgétaire ».

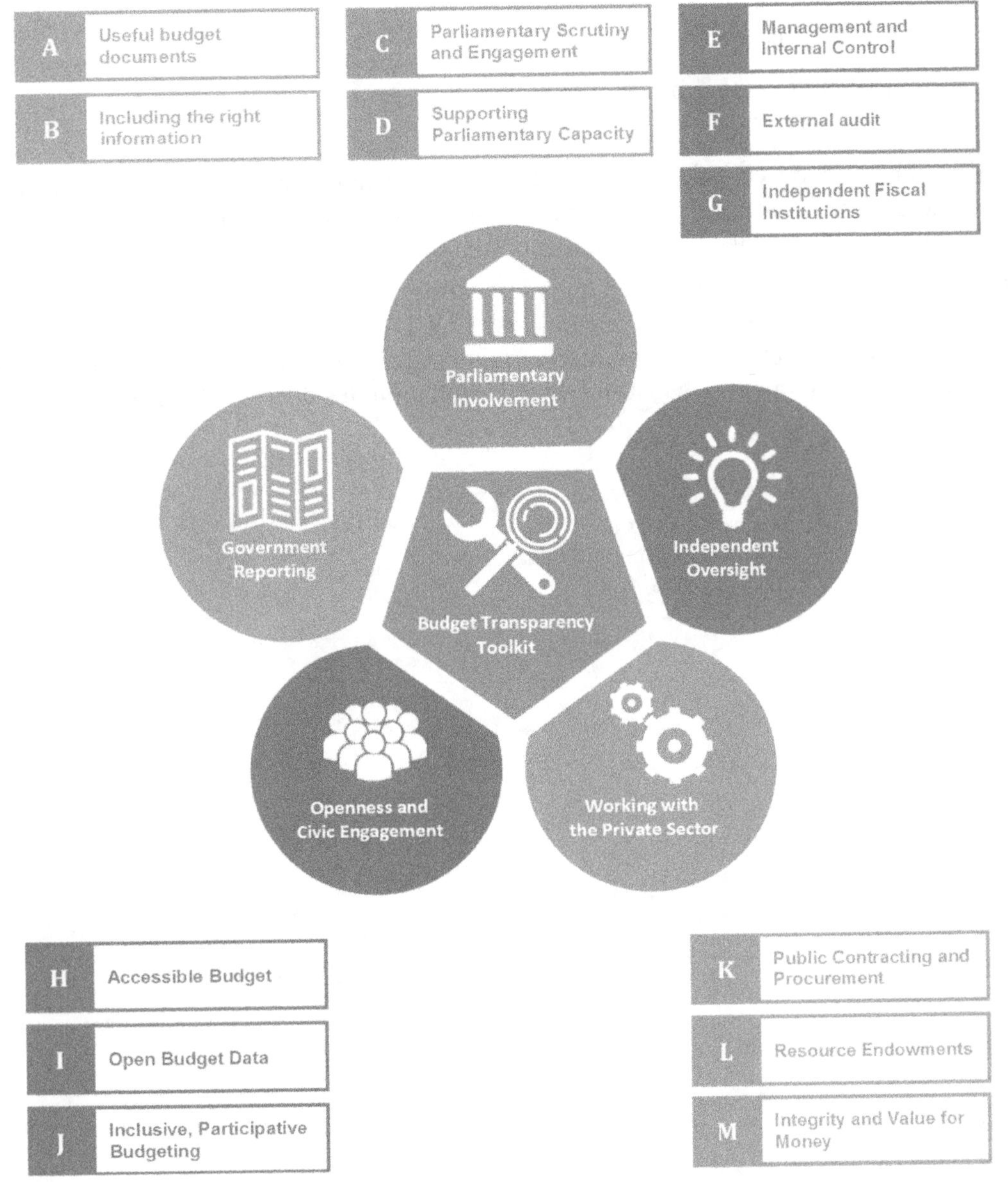

*A Documents budgétaires utiles ; **B** Intégrer les informations pertinentes; **C** Contrôle et participation du parlement ; **D** Renforcer les capacités des parlements ; **E** Gestion et contrôle interne; **F** Audit externe; **G** Institutions budgétaires indépendantes*

Participation du parlement ; Communication d'informations par l'administration ; Panoplie d'instruments budgétaires ; Contrôle indépendant ; Ouverture et engagement civique ; Travailler avec le secteur privé

***H** Budgets accessibles; **I** Budgétaire ouvertes ; **J** Budget inclusif et participatif; **K** Ouverture des marchés et achats publics; **L** Ressources naturelles; **M** Intégrité et optimisation des ressources*

Comme le montre le schéma ci-dessus, la présentation de la transparence budgétaire comporte cinq points :

1. La branche exécutive du gouvernement
2. Le parlement, ou branche législative
3. Les institutions indépendantes de contrôle
4. Les citoyens et la société civile
5. Participation du secteur privé.

Pour chacune de ces dimensions, des sujets essentiels sont présentés à partir des divers documents contenant des normes et directives internationales, et les références spécifiques sont « fléchées » directement en regard, à quoi s'ajoutent des pratiques internationales. Chaque sujet contient également des **Points de départ suggérés** qui consistent en exemples illustratifs que propose l'OCDE pour aider les utilisateurs. Il va de soi que ces points sont censés présenter certains aspects des documents sous-jacents aux utilisateurs et ne sauraient se substituer à la consultation des documents officiels.

 Clarté des informations budgétaires du gouvernement

Le public doit pouvoir accéder à des informations financières et non financières de qualité sur les activités, les résultats et les risques budgétaires, ainsi que les actifs et les passifs publics - antérieurs, présents et prévus.

- Principes de haut niveau sur la transparence, la participation et la responsabilisation en matière de finances publiques de GIFT

Les rapports financiers doivent donner une vision complète, pertinente, actuelle et fiable de la situation et des résultats financiers des administrations publiques. Les budgets et les projections financières qui leur servent de base doivent énoncer clairement les objectifs budgétaires et politiques visées de l'administration centrale et contenir des projections exhaustives, actuelles et crédibles de l'évolution des finances publiques.

- Code de transparence des finances publiques du FMI

Veiller à l'ouverture, à la transparence et à l'accessibilité des documents et données budgétaires, en mettant à disposition des rapports sur le budget clairs et factuels, qui devraient éclairer les principales étapes de la formulation et de l'examen des politiques et du débat autour de celles-ci, ainsi que la mise en œuvre et le suivi de ces politiques.

- Recommandation du Conseil de l'OCDE sur la gouvernance budgétaire

Dans cette section	
A	Production de documents utiles concernant le budget en cours d'exercice annuel
B	Intégration d'informations financières pertinentes dans les documents d'ordre budgétaire

A	Production de documents utiles concernant le budget en cours d'exercice annuel

Les documents officiels doivent donner un aperçu utile des activités financières du secteur public, de manière régulière et actuelle, pour mieux éclairer le contrôle et la prise de décision tout au long du cycle budgétaire. Les principaux documents budgétaires sont présentés dans cette section. Ces rapports doivent également être ouverts et accessibles, y compris au moyen de technologies numériques, comme l'explique la section *Ouverture et engagement civique*, et doivent se caractériser par un niveau de détail (ventilé ou cumulé) adapté à chaque étape du cycle budgétaire. Les éléments les plus importants de ces documents sont présentés plus en détail à la section B ; la présente section, quant à elle, décrit les principales caractéristiques et fonctions de ces rapports.

A.1 La déclaration budgétaire préalable fixe la stratégie budgétaire en présentant les plans budgétaires de haut niveau que le gouvernement a établis pour l'exercice budgétaire suivant. En favorisant la connaissance et la discussion des données budgétaires globales, des implications qu'aurait le maintien des politiques existantes et des interactions avec l'économie dans son ensemble, elle établit le niveau d'attente que peut susciter le budget et ouvre la voie à un contrôle éclairé du budget en exécution.

☞ **Points de départ suggérés** : le rapport préalable au budget devrait :

- être publié au moins un mois avant le dépôt du **projet de budget** par l'exécutif

- présenter les grands objectifs de la politique budgétaire du gouvernement, ainsi que…

- …les hypothèses macroéconomiques et les niveaux prévisionnels des recettes, des dépenses, du solde budgétaire et de la dette publique.

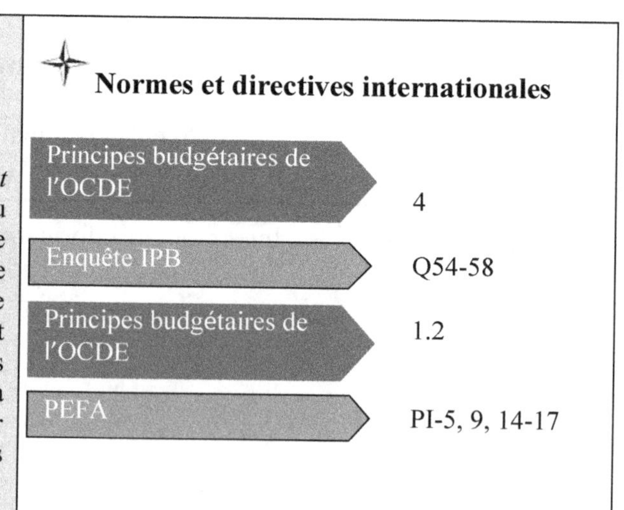

🌐 **Exemples autour du monde**

France : le *Rapport préparatoire au débat d'orientation budgétaire* (DOFP), est présenté au Parlement avant le 30 juin chaque année. C'est une étape importante avant le dépôt du projet de loi de finances au Parlement, plus tard dans l'année budgétaire. Le DOFP sert à annoncer au parlement les principales évolutions apportées aux politiques économiques et financières du gouvernement et la trajectoire attendue des finances publiques pour l'exercice budgétaire suivant, et à fixer des plafonds provisoires de dépense publique.

✦ **Normes et directives internationales**

Principes budgétaires de l'OCDE	4
Enquête IPB	Q54-58
Principes budgétaires de l'OCDE	1.2
PEFA	PI-5, 9, 14-17

A.2 Le **projet de budget** de l'exécutif est un document (ou un ensemble de documents) exhaustif qui précise les plans du gouvernement pour l'année à venir et que le gouvernement soumet à l'approbation du parlement. Le budget est un instrument essentiel des politiques publiques ; il convient donc qu'il soit clair et accessible et qu'il fasse l'objet d'un contrôle approfondi et constructif par le public et par le parlement.

☞ **Points de départ suggérés** : le projet de budget devrait :

- être présenté assez tôt, de sorte que le parlement dispose d'un délai suffisant pour l'examiner correctement (voir **C.3**)

- présenter les objectifs de la politique financière du gouvernement ainsi que les politiques de dépenses et de recettes pour l'année à venir et à moyen terme.

- utiliser des normes internationalement reconnues concernant les recettes et les dépenses

- décrire le coût et l'impact évalué de toutes les nouvelles mesures (voir également **J.2**).

🌐 **Exemples autour du monde**	✦ **Normes et directives internationales**	
Islande : les règles en vigueur prévoient que le projet de budget émanant de l'exécutif soit présenté au parlement plus de trois mois avant le début de l'exercice budgétaire, jusqu'au deuxième mardi de septembre.	Code FMI	1.3.1, 2.1.3, 2.2.2, 2.3.1
Tunisie : la loi organique du budget de l'État prévoit que la loi de finances annuelle de l'exécutif (LF) comprend les prévisions financières annuelles, affecte les crédits aux politiques publiques et inclut une série de dispositions légales comme de nouveaux impôts, des modifications de programmes de crédits ou des dispositions générales visant à imposer une discipline budgétaire aux ministères et à d'autres organismes publics. Elle doit également relier les prévisions financières annuelles au Plan de développement économique et social et au budget.	Principes budgétaires de l'OCDE	4
	Enquête IPB	Q 1-52
	Meilleures pratiques de l'OCDE	1.1
	PEFA	PI-4, 5, 8, 9, 14-17

A.3 Le budget approuvé est le budget tel que l'a officiellement approuvé le parlement, et constitue la référence qui fait foi *in fine* pour lever des recettes et répartir les fonds publics, et en rendre compte. La plupart des pays établissent dans leurs lois et/ou dans leur constitution l'importance du budget approuvé comme socle juridique à partir duquel ils lèvent des taxes et répartissent les fonds publics.

☞ **Points de départ suggérés** : le budget approuvé devrait :

- être publié aussitôt qu'il est adopté par le pouvoir législatif

- prendre effet avant le début de l'exercice budgétaire

- présenter le même degré de détail que le **projet de budget** de l'exécutif afin de faciliter la détection de tous les écarts significatifs entre l'un et l'autre.

🌐 **Exemples autour du monde**	✛ **Normes et directives internationales**	
Royaume-Uni : le budget annuel est présenté à la Chambre des Communes par le Chancelier de l'Échiquier et fait l'objet d'un débat qui dure plusieurs jours. Les « résolutions sur les voies et moyens » qui lèvent des taxes doivent être approuvées par la Chambre, et toutes les mesures fiscales liées au budget sont ensuite intégrées dans un projet de loi de finances dont l'adoption obéit aux mêmes règles que les autres lois. Les mesures de dépenses sont initialement autorisées par des « résolutions sur les crédits » qui ne donnent qu'une autorisation provisoire de dépenses, et qui font l'objet d'un suivi dans le projet de loi sur les crédits et fonds.	Code FMI	2.2.2
	Principes budgétaires de l'OCDE	4
	Enquête IPB	Q 59-63
	Meilleures pratiques de l'OCDE	1.1
	PEFA	PI-9, 17, 18

A.4 Le budget rectificatif contient les propositions d'amendement au budget annuel principal. Ce mécanisme doit être utilisé pour autoriser des ajouts substantiels ou des modifications de crédits qui n'étaient pas anticipés lors de l'adoption du budget et des crédits initiaux.

▷ **Points de départ suggérés** : le budget rectificatif devrait :

- présenter simultanément toutes les propositions d'amendement

- justifier les mesures financières rectificatives

- expliquer l'effet (le cas échéant) sur les objectifs des politiques financières

- être autorisé par le parlement avant l'engagement des dépenses.

🌐 **Exemples autour du monde**	✛ **Normes et directives internationales**
Suède : le gouvernement peut réviser le budget de l'État central en proposant d'accroître le budget d'un organisme pour répondre à des besoins imprévus en lien avec la loi de finances publiques de printemps et la loi de finances de septembre. Les augmentations de crédits prévues dans le budget rectificatif sont généralement compensées par une réduction à due concurrence du budget d'autres organismes ou par un emprunt sur les crédits de l'année suivante. En Suède, les budgets rectificatifs sont de faible ampleur et souvent utilisés pour procéder à des ajustements techniques, plutôt que pour mettre en œuvre de nouvelles politiques.	Code FMI — 2.4.2 Principes budgétaires de l'OCDE — 5, 7 Enquête IPB — Q 115-117 PEFA — PI-1, 2, 3, 15, 18, 21

A.5 Les profils budgétaires préalables à l'exécution budgétaire et les prévisions de flux de trésorerie indiquent la manière dont il est prévu que les dépenses et les recettes budgétaires évoluent au cours de l'exercice en termes généraux, et fournissent un socle de références utile au suivi en cours d'exercice. Pour élaborer des profils budgétaires et des prévisions de flux de trésorerie utiles, il est indispensable de tenir attentivement compte des facteurs saisonniers, des événements ponctuels prévisibles et d'autres facteurs susceptibles de se traduire par d'importantes variations des recettes et des dépenses.

☞ **Points de départ suggérés** : ces profils et prévision budgétaires devraient :

- être publiés aux alentours du début de l'exercice budgétaire ou, idéalement, avant

- permettre la détection précoce des dépassements/sous-consommations de crédits et d'autres risques.

🌐 **Exemples autour du monde**	✦ **Normes et directives internationales**	
Irlande : le Ministère des finances publie des profils mensuels des dépenses et des recettes en début d'année, qui constituent un important socle de référence pour la communication mensuelle d'informations au public sur l'exécution budgétaire.	Principes budgétaires de l'OCDE	7
	Meilleures pratiques de l'OCDE	1.3
	PEFA	PI-21

A.6 Les rapports intrannuels sur l'exécution budgétaire présentent une photographie de l'exécution du budget en cours d'exercice et alertent le gouvernement (et le public) au cas où il convient de prendre des mesures rectificatives.

☞ **Points de départ suggérés** : les rapports sur l'exécution budgétaire devraient :

- être publiés tous les trimestres ou (idéalement) tous les mois, peu après la fin de chaque période

- inclure un bref commentaire visant à faciliter l'interprétation du rapport, en particulier la justification de tout écart significatif par rapport aux profils budgétaires correspondants.

<table>
<tr><td colspan="2">🌐 Exemples autour du monde</td><td colspan="2">✦ Normes et directives internationales</td></tr>
<tr><td colspan="2" rowspan="6">États-Unis : les rapports mensuels sur l'exécution budgétaire présentent les obligations mensuelles dont font état les agences. Deux versions sont élaborées et rendues disponibles, l'une ventilant les données par agence ou par bureau, l'autre classant les informations par sous-comité des affectations de crédits. Outre les informations portant sur le mois précédent, les rapports présentent également les obligations cumulées pour les précédents trimestres de l'exercice annuel et, le cas échéant, les obligations passées communiquées au cours de l'exercice budgétaire précédent.</td></tr>
<tr><td>Code FMI</td><td>1.2.1, 1.3.1, 1.4.31</td></tr>
<tr><td>Principes budgétaires de l'OCDE</td><td>7</td></tr>
<tr><td>Enquête IPB</td><td>Q 68-75</td></tr>
<tr><td>Meilleures pratiques de l'OCDE</td><td>1.3</td></tr>
<tr><td>PEFA</td><td>PI-28</td></tr>
</table>

A.7   Le rapport sur l'exécution en milieu d'année consiste en une analyse des effets du budget qui est produite à mi-parcours de l'exercice budgétaire et fournit un état des lieux complet de l'exécution du budget. Il sert non seulement au contrôle du budget mais peut aussi contenir des observations susceptibles d'éclairer utilement les délibérations préalables au budget de l'exercice suivant.

Points de départ suggérés : le rapport sur l'exécution en milieu d'année devrait :

- être publié dans les six semaines qui précèdent ou suivent le milieu de l'année

- contenir une prévision actualisée des résultats budgétaires pour l'exercice annuel

- communiquer l'impact budgétaire attendu de toute révision des hypothèses économiques, et de toute décision relative aux politiques publiques qui pourrait avoir été prise plus tôt dans l'année

<table>
<tr><td>

🌐 **Exemples autour du monde**

Sri Lanka : le rapport d'exécution en milieu d'année (Rapport d'étape financier de milieu d'année) doit, en application de la Loi sur la gestion budgétaire, présenter une évaluation de la stratégie budgétaire du gouvernement. Il doit être déposé au parlement dans les deux semaines qui précèdent sa date de publication. Il contient un examen de la performance des recettes, dépenses, opérations de trésorerie et emprunts publics pour les quatre premiers mois de l'année visée. Il fournit également des informations à jour concernant la performance macroéconomique, la dette publique, la balance des paiements et le crédit.

</td><td>

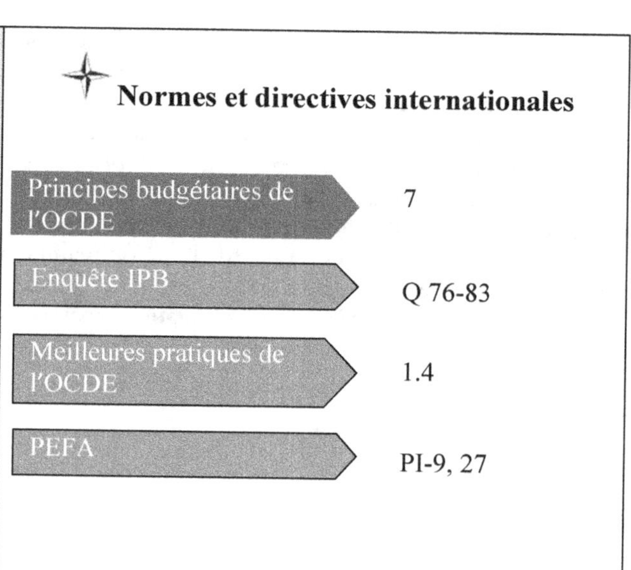

</td></tr>
</table>

A.8 La communication d'informations en fin d'année est essentielle au respect du principe de responsabilité, tant en ce qui concerne les informations sur l'exécution réelle du budget en cours d'exercice (rapports sur l'exécution budgétaire) que pour illustrer la situation des comptes publics en fin d'exercice (états financiers). Ces rapports sont normalement soumis à un audit de l'institution supérieure de contrôle (voir **F.2**).

⚐ **Points de départ suggérés** : les informations en fin d'année devraient :

- être communiquées dans les six mois qui suivent le terme de l'exercice budgétaire

- être présentées sous un format qui correspond à celui du budget approuvé

- idéalement, contenir des états financiers en comptabilité d'exercice.

🌐 Exemples autour du monde	✦ Normes et directives internationales	
Royaume-Uni : dans le rapport de fin d'année, le gouvernement entreprend une évaluation plus détaillée du programme de dépenses d'un ministère particulier (Examen des dépenses) en évaluant notamment ce que l'administration publique a dépensé au cours des années précédentes en termes de tendances, de productivité et de valeur.	Code FMI	1.1.2, 1.1.3, 1.2.2, 1.4.2, 1.4.3
	Principes budgétaires de l'OCDE	7
	Enquête IPB	Q 84-96
	Meilleures pratiques de l'OCDE	1.5
	PEFA	PI-6, 10, 29
	IPSAS	

A.9   Le rapport à long terme évalue la viabilité à long terme des finances publiques et des politiques publiques. Le rapport fait état des projections de l'évolution des finances publiques à long terme, en particulier à la lumière des évolutions démographiques attendues et (dans certains pays) des stocks plus ou moins durables de ressources naturelles comme le pétrole, le gaz naturel et les minerais. Outre la viabilité à long terme, ce rapport peut aussi contribuer au débat national sur la question de l'équité entre les générations – autrement dit, la manière dont la pression fiscale et la jouissance des avantages se répartissent sur une longue durée, par-delà plusieurs générations.

Points de départ suggérés : le rapport à long terme devrait :

- être produit tous les trois à cinq ans au moins

- recourir à des indicateurs de viabilité à long terme comparables sur le plan international

- idéalement, suggérer des pistes d'action à court terme (2 à 5 ans) et à plus long terme.

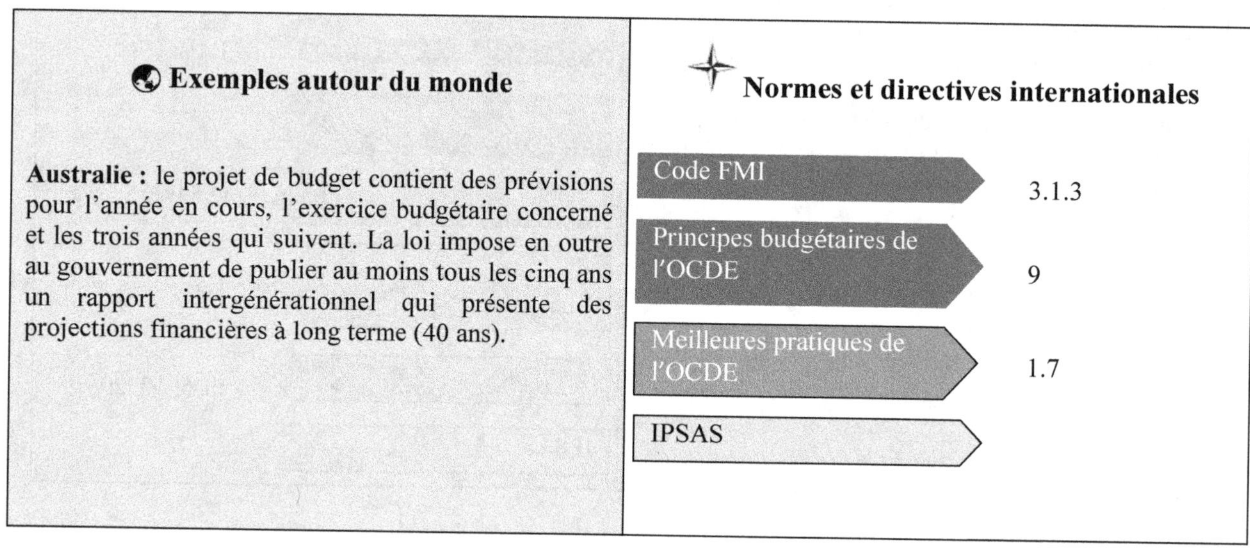

A.10 La communication d'informations sur les risques financiers fournit une évaluation globale de la portée et de l'ampleur des facteurs qui sont susceptibles de détourner les finances publiques de leur trajectoire. Ces informations, si elles figurent aux côtés de la documentation économique et financière annuelle, peuvent donner une idée précise de la robustesse et de la résilience des finances publiques, éclairant du même coup le débat public sur la stratégie financière à adopter et sur l'adéquation des mécanismes de sûreté en vigueur.

⚑ **Points de départ suggérés** : les informations sur les risques financiers devraient :

- accompagner la documentation économique et financière fournie chaque année

- présenter les stratégies publiques de gestion et d'atténuation des différentes catégories de risques

- dans la mesure du possible, fournir une estimation ou une mesure quantitative des risques financiers

- idéalement, être présentées sous la forme d'un seul rapport annuel complet sur les risques financiers.

🌐 **Exemples autour du monde**	✦ **Normes et directives internationales**	
Lettonie : le ministère des finances gère et actualise un Registre complet des risques financiers, définit le montant de la réserve financière de sécurité et est chargé de la coordination et du suivi du processus de gestion.	Code FMI	3.1, 3.2
Philippines : la Commission de coordination financière pour le développement publie une Déclaration annuelle sur les risques financiers qui dresse un état des lieux complet de l'exposition du pays aux risques financiers découlant des projections budgétaires et des résultats financiers, de l'endettement public, et des passifs éventuels liés au secteur financier, aux PPP, aux collectivités locales et aux catastrophes naturelles.	Principes budgétaires de l'OCDE	9
	Meilleures pratiques de l'OCDE	2.1
	PEFA	PI-5, 9, 10, 13, 14, 15

B	Intégration d'informations financières pertinentes dans les documents d'ordre budgétaire

La qualité et l'exhaustivité des informations financières contenues dans les divers documents d'ordre budgétaire sont essentielles à la transparence, à la responsabilité et à la bonne gouvernance. Si les différents rapports financiers remplissent des fonctions variées, les documents envisagés dans leur ensemble devraient éclairer les divers facteurs qui intéressent la prise de décisions financières.

B.1   Couverture institutionnelle – L'autorisation annuelle des dépenses par le parlement est accordée à un nombre limité d'organismes (les « entités budgétaires » parmi lesquelles figurent les ministères, départements, conseils spécialisés, commissions et agences du gouvernement central). Le gouvernement peut apporter des compléments d'information sur la situation financière et la performance de l'administration centrale, de l'administration publique et du secteur public dans leur ensemble dans la documentation budgétaire et/ou dans les rapports financiers publiés en fin d'année (voir **A.8**). Plus la couverture institutionnelle est large, plus le tableau d'ensemble de la situation financière du pays est complet, ce qui facilite une analyse approfondie des finances publiques et limite l'incitation des administrations à utiliser certaines entités pour conduire des activités financières hors budget.

Points de départ suggérés pour l'examen de la couverture institutionnelle des documents d'ordre budgétaire :

- la couverture du « gouvernement central » fournit une perspective budgétaire utile aux pays et englobe les principales agences exécutives et les fonds extrabudgétaires

- la couverture de « l'administration publique » (y compris les gouvernements infranationaux et/ou les fonds spéciaux, comme les fonds de sécurité sociale) fournit un aperçu statistique plus complet et comparable sur le plan international

- une perspective englobant le « secteur public » (ou « l'ensemble de la sphère publique ») est certes difficile à mettre en pratique, mais est utile pour assurer le suivi des obligations et risques financiers liés aux entreprises publiques.

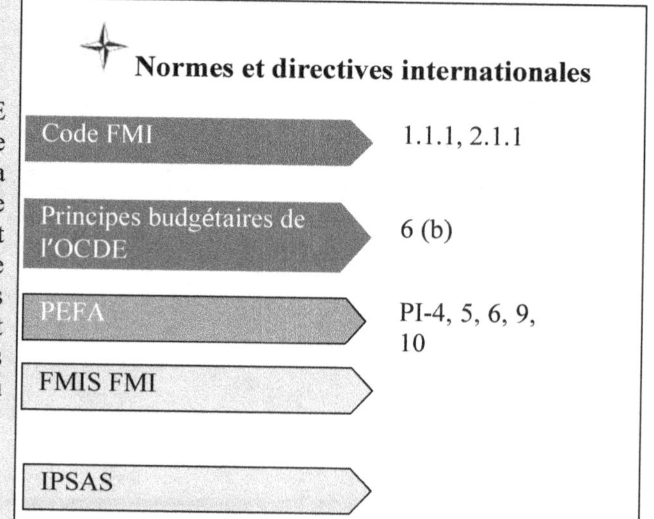

🌐 Exemples autour du monde

Union européenne : les États membres de l'UE présentent leurs finances publiques à l'échelle de « l'administration publique » aux fins de la surveillance multilatérale qui s'exerce au titre du Pacte de stabilité et de croissance, même lorsqu'ils ont recours à des approches différentes dans le cadre strictement national. Cela permet de comparer les chiffres du déficit et de la dette entre pays, en dépit que fait que les pays sont dotés de systèmes budgétaires très variés – unitaires, fédéraux ou confédéraux.

Normes et directives internationales

B.2 La **qualité**, la **fiabilité et** la **comparabilité** des informations budgétaires sont cruciales si l'on veut que les documents constituent un socle solide pour la prise de décision, le contrôle et la responsabilité. Dans ce domaine, les lignes directrices internationales et les règles et procédures normalisées sont nombreuses.

☞ **Points de départ suggérés** : les informations budgétaires devraient :

- employer des mesures comptables cohérentes dans tous les documents et justifier tout changement

- conserver le même format d'une année sur l'autre et d'un rapport à l'autre

- appliquer les normes internationales aux statistiques financières et budgétaires

- être soumises à des contrôles internes (voir section **E**) et un audit indépendant (section **F**).

<table>
<tr><td>🌐 Exemples autour du monde</td><td colspan="2">✦ Normes et directives internationales</td></tr>
<tr><td rowspan="4">Australie : le Résultat budgétaire final est le principal document public ex post en matière de responsabilité. Publié dans les trois mois qui suivent la fin de l'exercice, il est fondé sur la même base que le budget et l'actualisation de milieu d'année, tant en ce qui concerne les flux (recettes, dépenses et soldes) que les stocks (dette nette et valeur financière nette). Toutes les infomations budgétaires obéissent aux mêmes normes de communication, qui correspondent pour l'essentiel aux normes SFSM 2011, et tout écart par rapport à ces normes est explicité.</td><td>Code FMI</td><td>1.3, 1.4</td></tr>
<tr><td>Principes budgétaires de l'OCDE</td><td>6.10 (c)-(e)</td></tr>
<tr><td>Meilleures pratiques de l'OCDE</td><td>3.1-3.3</td></tr>
<tr><td>PEFA</td><td>PI-4, 26, 29, 30</td></tr>
</table>

B.3   Exhaustivité de l'information – Les documents d'ordre budgétaire devraient faire état de tout l'éventail des informations pertinentes pour la prise de décisions budgétaires et la responsabilité. Encore une fois, il existe des normes et directives internationales très complètes en la matière.

☞ **Points de départ suggérés** : les documents d'ordre budgétaire devraient :

- présenter toutes les principales hypothèses économiques ainsi que les analyses de sensibilité

- faire état de toutes les dépenses et recettes, y compris celles qui concernent les fonds extrabudgétaires

- inclure des informations sur les dépenses fiscales

- présenter un bilan des actifs et des passifs, financiers et (idéalement) non financiers

- présenter une perspective à moyen terme (3-5 ans) des prévisions et plans budgétaires.

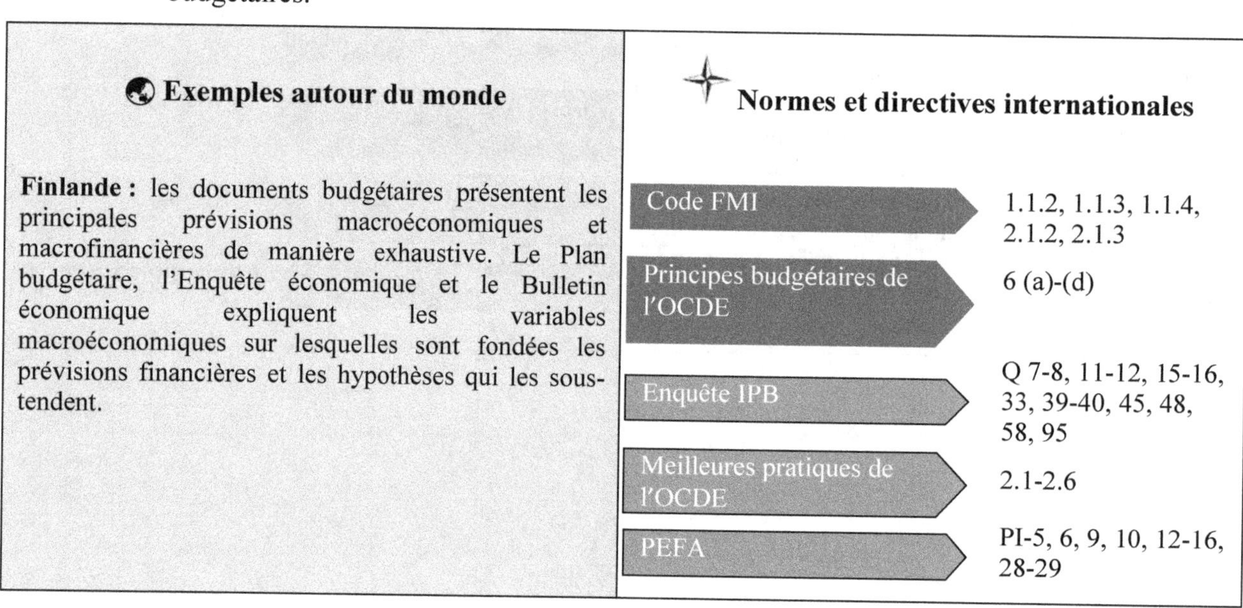

<table>
<tr><td colspan="2">🌐 Exemples autour du monde</td><td colspan="2">✦ Normes et directives internationales</td></tr>
<tr><td rowspan="6">Finlande : les documents budgétaires présentent les principales prévisions macroéconomiques et macrofinancières de manière exhaustive. Le Plan budgétaire, l'Enquête économique et le Bulletin économique expliquent les variables macroéconomiques sur lesquelles sont fondées les prévisions financières et les hypothèses qui les sous-tendent.</td><td></td><td>Code FMI</td><td>1.1.2, 1.1.3, 1.1.4, 2.1.2, 2.1.3</td></tr>
<tr><td></td><td>Principes budgétaires de l'OCDE</td><td>6 (a)-(d)</td></tr>
<tr><td></td><td>Enquête IPB</td><td>Q 7-8, 11-12, 15-16, 33, 39-40, 45, 48, 58, 95</td></tr>
<tr><td></td><td>Meilleures pratiques de l'OCDE</td><td>2.1-2.6</td></tr>
<tr><td></td><td>PEFA</td><td>PI-5, 6, 9, 10, 12-16, 28-29</td></tr>
</table>

B.4   Pertinence opérationnelle des informations financières – Les documents budgétaires devraient présenter en toute clarté et transparence la manière dont les allocations de crédits correspondent et favorisent les priorités d'action du gouvernement. Le budget étant un outil majeur des politiques publiques globales, ces informations sont utiles aux parlementaires et au grand public afin que le gouvernement leur rende des comptes quant à ses choix budgétaires.

⚐ **Points de départ suggérés** : les informations budgétaires devraient :

- faire état d'informations relatives à la performance (produits, objectifs, résultats) dans les principaux domaines de l'action publique

- respecter un format standard d'informations sur la performance dans les différents domaines de l'action publique

- montrer les liens qui existent avec les objectifs stratégiques généraux et les réalisations escomptées du gouvernement

- décrire les incidences des décisions budgétaires sur différentes groupes et secteurs (voir **J.2**).

🌐 **Exemples autour du monde**	✦ **Normes et directives internationales**	
Autriche : chaque domaine (programme) de l'action publique figurant dans le budget est assorti de 3 à 5 objectifs de performance, dont au moins un concerne l'égalité entre hommes et femmes.	Code FMI	2.3
	Principes budgétaires de l'OCDE	4(d), 8
États-Unis : chaque agence fédérale produit une série d'obejctifs et cibles de performance : certains sont classés comme objectifs prioritaires de l'agence et figurent parmi les principales priorités de l'action et de la responsabilité de la direction. Voir www.performance.gov	Enquête IPB	Q36, 47-52, 92-94
	Meilleures pratiques de l'OCDE	1.1
	PEFA	PI-8, 15, 16

Pour en savoir plus

IFAC (2015), *Risk Management and Internal Control*, Fédération internationale des comptables, www.ifac.org/publications-resources/bolt-built.

IFAC/CIPFA (2014), *International Framework: Good Governance in the Public Sector*, Fédération internationale des comptables / The Chartered Institute of Public Finance and Accountancy, www.ifac.org/publications-resources/international-framework-good-governance-public-sector.

INTOSAI, ISSAI 100 (2013), *Principes fondamentaux du contrôle des finances publiques*, Organisation internationale des Institutions supérieures de contrôle des finances publiques, http://www.intosai.org/fr/issai-executive-summaries/detail/article/issai-100-fundamental-principles-of-public-sector-auditing.html.

INTOSAI, ISSAI 400 (2013), *Principes fondamentaux de l'audit de conformité*, Organisation internationale des Institutions supérieures de contrôle des finances publiques, http://www.intosai.org/fr/issai-executive-summaries/detail/article/issai-400-fundamental-principles-of-compliance-auditing.html.

IPSASB (2017), *Recommended Practice Guideline (RPG) 3, Reporting on the Long-Term Sustainability of an Entity's Finances*, www.ifac.org/publications-resources/recommended-practice-guideline-3.

IPSASB (2013), *Normes comptables internationales du secteur public 32 (Accords de concession de services)*, Conseil des normes comptables internationales pour le secteur public, www.ifac.org/system/files/publications/files/B8%20IPSAS_32.pdf.

OCDE (2013), *Brazil's Supreme Audit Institution: The Audit of the Consolidated Year-end Government Report*, Éditions OCDE, Paris, http://dx.doi.org/10.1787/9789264188112-en.

Contrôle et participation du Parlement

Le Parlement doit disposer de l'autorité, des ressources et des informations nécessaires pour rendre le pouvoir exécutif effectivement comptable de l'utilisation des ressources publiques.

– Principes de haut niveau sur la transparence, la participation et la responsabilisation en matière de finances publiques (GIFT)

Les parlements nationaux ont un rôle fondamental à jouer pour approuver les décisions budgétaires et pour placer les gouvernements face à leurs responsabilités. Les pays doivent offrir au Parlement et à ses commissions la possibilité de participer au processus budgétaire à chaque grande étape du cycle budgétaire, a priori ou a posteriori selon qu'il conviendra.

– Recommandation du Conseil de l'OCDE sur la gouvernance budgétaire

Le Parlement doit avoir la possibilité et les moyens d'examiner de près les rapports budgétaires lorsqu'il le juge nécessaire.

Transparence budgétaire – Les meilleures pratiques de l'OCDE

Dans cette section	
C	Tirer parti de la participation et du contrôle parlementaires
D	Renforcer les capacités des parlements

C	Tirer parti de la participation et du contrôle parlementaires

Que les parlements « tiennent les cordons de la bourse » est un principe fondamental de la gouvernance démocratique. Les parlements jouent un rôle formel consistant à contrôler et à autoriser le projet de budget de l'exécutif et à lui demander des comptes, au nom des citoyens, sur ses décisions et sur l'exécution de ses politiques. La gouvernance publique moderne offre un certain nombre d'occasions où le cycle budgétaire peut tirer parti de la légitimité démocratique propre à la contribution parlementaire.

C.1 Les commissions parlementaires sont un forum utile de contrôle ciblé et approfondi et de participation concrète au processus budgétaire. Les membres des commissions acquièrent des connaissances spécialisées sur les questions d'ordre budgétaire et les commissions elles-mêmes peuvent entretenir de manière éclairée un « dialogue de responsabilité » avec les ministères et organismes publics tout au long du cycle budgétaire annuel, et d'une année sur l'autre. Outre qu'elles font par elles-mêmes office de forums démocratiques, les commissions parlementaires peuvent également bénéficier de la contribution indirecte de citoyens, d'instances de la société civile et d'experts indépendants, qui peuvent prendre leur part à un débat parlementaire inclusif et éclairé sur les questions d'ordre budgétaire.

☛ **Points de départ suggérés** : les commissions parlementaires devraient :

- comprendre des commissions sectorielles chargées d'effectuer un contrôle détaillé dans certains domaines

- comporter une commission du budget ou des finances chargée d'examiner le projet de budget de l'exécutif

- comporter une commission des finances ou des comptes publics chargée de se saisir des questions abordées dans les rapports de l'institution supérieure de contrôle, y compris les rapports de fin d'année

- assurer la cohérence et la continuité de l'approche adoptée entre les différentes commissions

- envisager d'autoriser les contributions structurées et transparentes des citoyens et de la société civile.

🌐 **Exemples autour du monde**	✦ **Normes et directives internationales**
Allemagne : la Commission du budget du Bundestag exerce un rôle puissant et actif de contrôle du projet de budget de l'exécutif. Elle dépêche dans chaque ministère des « rapporteurs », accompagnés de représentants de l'institution supérieure de contrôle, pour discuter des allocations de crédits proposées. Cela permet d'intégrer au débat budgétaire un solide	Enquête IPB ▶ Q 112-114, 118 PEFA ▶ PI – 18, 31

circuit d'information provenant de l'audit. Les rapporteurs sont responsables de leur portefeuille pendant toute la législature, ce qui leur permet d'acquérir des connaissances spécialisées. La commission peut proposer des amendements au projet de budget et imposer des conditions à l'exécution de telle ou telle ligne budgétaire.

Normes CPA

C.2 La participation *ex ante* du Parlement permet aux parlementaires d'éclairer le processus d'élaboration du budget par leurs points de vue sur la politique financière et budgétaire. Ainsi, le projet de budget de l'exécutif (A.2) peut refléter la contribution et les priorités du pouvoir législatif, ce qui est particulièrement utile dans les pays où le parlement ne possède pas de réels pouvoirs d'amender le projet de budget.

☞ **Points de départ suggérés** : la participation *ex ante* du Parlement devrait :

- être éclairée par la **déclaration préalable au budget** du gouvernement (A.1) sur ses intentions en matière de politique fiscale et sur les différentes options budgétaires

- être conduite de manière réaliste en tenant compte des contraintes financières globales

- ouvrir la possibilité d'une contribution citoyenne *via* des mécanismes tels que des auditions publiques, lorsque le cadre juridique national le permet

- se traduire par la formulation par le parlement de priorités d'action et de considérations claires à l'intention de l'exécutif.

🌐 **Exemples autour du monde**	✦ **Normes et directives internationales**	
Suède : en Suède, le processus budgétaire annuel se divise en deux phases distinctes : en avril, le projet de loi de finances publiques de printemps fixe les grandes lignes de l'évolution de la politique budgétaire puis, à l'automne, le projet de loi de finances précise la répartition des crédits pour l'exercice à venir. Le projet de loi de finances publiques de printemps donne lieu à un débat parlementaire général sur la politique budgétaire. Les grandes lignes budgétaires sont adoptées lors d'un vote unique au printemps.	Principes budgétaires de l'OCDE	5(a), 5(b)
	Enquête IPB	Q 107, 136-138
	PEFA	PI-17, 18

C.3 L'approbation du budget par le parlement est un élément fondamental de la responsabilité et du contrôle démocratiques. Le vote du parlement confère une légitimité démocratique à l'instauration de taxes ainsi qu'à la répartition et à l'utilisation des deniers publics ; aux autres étapes du cycle budgétaire, le parlement peut donner suite à son rôle en matière de responsabilité en se fondant sur les allocations de crédits qu'il a adoptées.

Points de départ suggérés : l'approbation parlementaire devrait :

- se fonder sur le débat parlementaire public relatif au projet de budget du gouvernement

- être assortie d'un délai suffisant pour que le parlement effectue un contrôle approfondi – un délai de trois mois constitue une référence utile, mais la qualité et le caractère approfondi de l'examen sont importants

- idéalement, tenir compte des réponses que l'exécutif a apportées aux priorités d'action et considérations formulées lors de la phase de participation *ex ante* du parlement

- avoir lieu avant le début de l'exercice budgétaire.

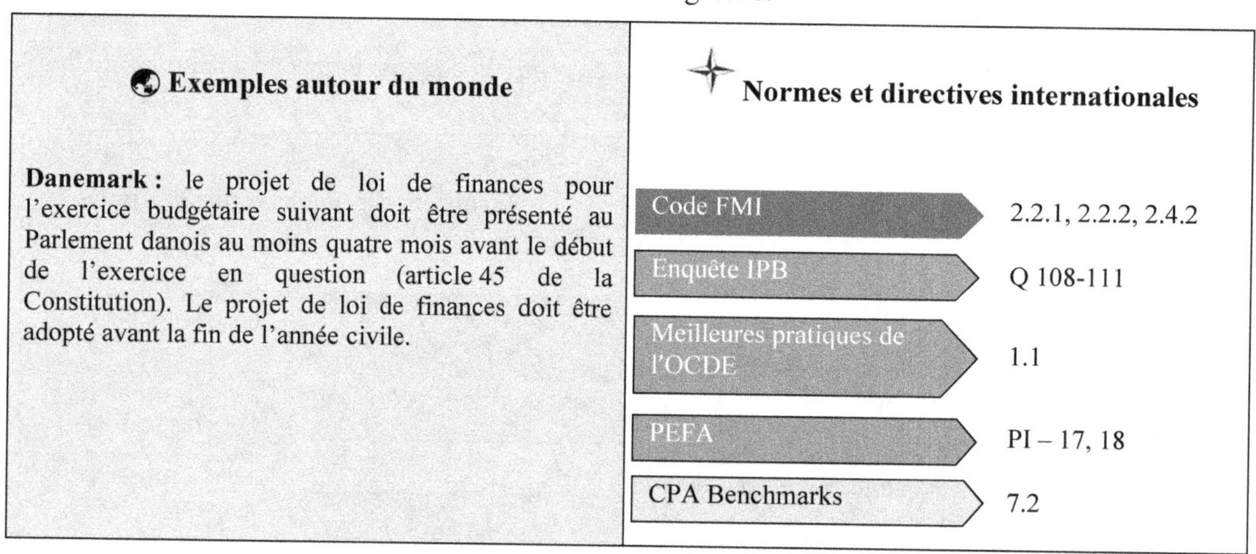

<table>
<tr><td colspan="2">🌐 Exemples autour du monde</td><td colspan="2">✛ Normes et directives internationales</td></tr>
<tr><td rowspan="5">Danemark : le projet de loi de finances pour l'exercice budgétaire suivant doit être présenté au Parlement danois au moins quatre mois avant le début de l'exercice en question (article 45 de la Constitution). Le projet de loi de finances doit être adopté avant la fin de l'année civile.</td><td></td><td>Code FMI</td><td>2.2.1, 2.2.2, 2.4.2</td></tr>
<tr><td></td><td>Enquête IPB</td><td>Q 108-111</td></tr>
<tr><td></td><td>Meilleures pratiques de l'OCDE</td><td>1.1</td></tr>
<tr><td></td><td>PEFA</td><td>PI – 17, 18</td></tr>
<tr><td></td><td>CPA Benchmarks</td><td>7.2</td></tr>
</table>

C.4 Le contrôle parlementaire de l'exécution budgétaire et des résultats financiers permet de s'assurer que les fonds publics sont/ont été utilisés aux fins qui ont été annoncées, et que les politiques publiques atteignent les résultats escomptés. Un suivi attentif de l'exécution budgétaire aide à établir la confiance du public dans l'utilisation des fonds publics et à se prémunir contre la corruption, la mauvaise gestion et le gaspillage.

⚑ **Points de départ suggérés** : le contrôle parlementaire devrait :

- s'appuyer sur des rapports réguliers en cours et en milieu d'année (voir **A.6** et **A.7** ci-dessus)

- imposer une nouvelle approbation parlementaire avant toute réaffectation significative de crédits en cours d'année

- comporter un examen du rapport d'audit externe (voir **F.2**) et d'autres rapports présentés par l'institution supérieure de contrôle, et contenir des recommandations de mesures à prendre

- veiller à ce que les questions soulevées pendant le contrôle éclairent le cycle budgétaire qui suit.

<table>
<tr><td>🌐 Exemples autour du monde</td><td colspan="2">✛ Normes et directives internationales</td></tr>
<tr><td rowspan="5">Autriche : le Parlement autrichien se prononce sur les ressources financières et sur les résultats (réalisations et produits) dans le cadre du projet de loi de finances annuel. Il évalue également les rapports de performance de l'exécutif, et porte une appréciation critique sur les données de performance qui sert à alimenter un débat budgétaire plus stratégique.</td><td>Code FMI</td><td>2.4.2</td></tr>
<tr><td>Enquête IPB</td><td>Q 114-118, 139</td></tr>
<tr><td>Meilleures pratiques de l'OCDE</td><td>3.3</td></tr>
<tr><td>PEFA</td><td>PI - 30, 31</td></tr>
<tr><td>Normes CPA</td><td>7.2.3</td></tr>
</table>

D	**Renforcer les capacités des parlements**
Pour que le suivi et le contrôle du budget soient efficaces, les parlements doivent être outillés afin de se saisir de manière professionnelle des questions financières et politiques qui leur sont soumises pendant le cycle budgétaire.	

D.1 Les moyens spécialisés d'analyse et de recherche, comme les services internes de recherche et les unités budgétaires placées au sein des parlements, peuvent contribuer à éclairer le dialogue que le pouvoir législatif entretient avec l'exécutif. C'est particulièrement important dans le domaine budgétaire car les documents budgétaires peuvent atteindre un niveau élevé de détail et de complexité, et le parlement doit s'appuyer sur le soutien d'experts pour exercer sa mission d'approbation du budget et de responsabilité.

⚐ **Points de départ suggérés** : ces moyens d'analyse et de recherché devraient :

- fournir des analyses techniques, spécialisées et impartiales des rapports budgétaires

- jouir en temps opportun d'un accès total aux informations financières et budgétaires de l'exécutif

- examiner l'opportunité d'accroître les capacités d'expertise en créant un Office budgétaire parlementaire indépendant chargé d'un mandat clair (OBP, voir **G.1**).

🌐 **Exemples autour du monde**	✦ **Normes et directives internationales**
Royaume-Uni : le Parlement britannique et certains des parlements régionaux du Royaume-Uni se sont dotés d'unités techniques internes afin d'appuyer le contrôle budgétaire et de renforcer la transparence. Le Parlement écossais, par exemple, aidé par son Unité de contrôle financier (FSU), a négocié avec l'exécutif l'accélération de la communication d'informations budgétaires détaillées dans tous les domaines d'action afin de garantir un contrôle effectif. La FSU fournit une analyse technique approfondie des chiffres du budget mais s'emploie également à simplifier la présentation des informations budgétaires. Des **OBP** ont été établis dans plusieurs pays du monde dont l'Australie, l'Autriche, le Canada, l'Italie, la Corée et les États-Unis.	Principes de haut niveau GIFT 8 Enquête IPB Q 103 Principes IBI OCDE 1-22

D.2   La formation professionnelle continue (FPC) des parlementaires sur les questions parlementaires témoigne du fait que le contrôle de l'ensemble de la dépense publique, de la fiscalité et de la gestion des actifs et des passifs est une tâche complexe et exigeante confiée à des représentants publics professionnels. Pour le personnel des ministères et des organismes publics, qui traitent chaque année du cycle budgétaire et de documents financiers de manière approfondie, le processus est généralement familier. Pour les parlementaires, dont le champ de compétence est plus vaste et qui sont parfois moins familiers du processus budgétaire, un soutien supplémentaire est indispensable. Il faut veiller attentivement à outiller les parlementaires avec les connaissances et les compétences dont ils ont besoin pour se saisir efficacement de la documentation budgétaire et pour que leurs observations puissent contribuer au processus global.

☞ **Points de départ suggérés** : la FPC des parlementaires en matière budgétaire devrait :

- comprendre une formation initiale pour les parlementaires, les membres et les présidents des commissions

- couvrir les aspects intérieurs et internationaux du contrôle et du suivi en matière budgétaire.

<table>
<tr><td>

🌐 **Exemples autour du monde**

États-Unis : depuis 1972, la présidence de la Chambre des Représentants du Congrès propose aux nouveaux représentants un programme de formation organisé par l'Institut de sciences politiques à la Kennedy School de Harvard. Il consiste en séminaires intensifs sur les grandes questions relatives à l'action publique comme la politique étrangère, les politiques de santé et le budget fédéral, et il est animé par d'éminents universitaires et praticiens qui représentent l'ensemble du spectre politique.

</td><td>

✦ **Normes et directives internationales**

Principes budgétaires de l'OCDE   10 (a)

</td></tr>
</table>

Pour en savoir plus

Anderson, B. (2009), « The changing role of parliament in the budget process », *OECD Journal on Budgeting*, vol. 9, n° 1, http://dx.doi.org/10.1787/budget-v9-art2-en.

Assemblée parlementaire de la Francophonie (2009), *La réalité démocratique des Parlements : Quels critères d'évaluation ?*, texte adopté lors de la XXXVe session de l'APF (Paris, juillet 2009).

McGee, D. (2007), *The Budget Process: A Parliamentary Imperative*, Pluto Press, Londres.

McGee, D. (2002), *The Overseers: Public Accounts Committees and Public Spending*, Pluto Press, Londres.

Posner, P. et Park Chung-Keun (2007), « Role of the Legislature in the Budget Process: Recent Trends and Innovations », *OECD Journal on Budgeting*, vol. 7, n° 3, http://dx.doi.org/10.1787/budget-v7-art15-en.

Schick, A. (2002), « Can National Legislatures Regain an Effective Voice in Budget Policy? », *OECD Journal on Budgeting*, vol. 1, n° 3, http://dx.doi.org/10.1787/budget-v1-art15-en.

Stapenhurst, R., R. Pelizzo et K. Jacobs (2014), *Following the Money: Comparing Parliamentary Public Accounts Committees*, Pluto Press, Londres.

Stapenhurst, R. et al. (2008), *Legislative Oversight and Budgeting: A World Perspective*, Banque internationale pour la reconstruction et le développement / Banque mondiale, https://openknowledge.worldbank.org/handle/10986/6547.

Union interparlementaire (2008), « *Évaluer le Parlement : Outils d'auto-évaluation à l'intention des parlements* », www.ipu.org/pdf/publications/self-f.pdf.

von Trapp, L. et J. Jacques (2011), « *Structures des comités pour l'approbation et la surveillance des budgets* », 3e réunion annuelle des responsables parlementaires du budget, http://www.oecd.org/officialdocuments/publicdisplaydocumentpdf/?cote=GOV/PGC/SBO(2011)6&doclanguage=fr.

Suivi et contrôle indépendants

L'institution supérieure de contrôle des finances publiques doit jouir d'une indépendance statutaire vis-à-vis du pouvoir exécutif, et disposer du mandat, de l'accès à l'information et des ressources nécessaires pour vérifier l'utilisation des fonds publics et en rendre compte au public.

- Principes de haut niveau sur la transparence, la participation et la responsabilisation en matière de finances publiques de GIFT

Promouvoir l'intégrité et la qualité des prévisions et plans budgétaires ainsi que de l'exécution du budget grâce à un contrôle de qualité rigoureux reposant notamment sur un audit indépendant

- Recommandation du Conseil de l'OCDE sur la gouvernance budgétaire

La crédibilité du processus national de budgétisation, notamment l'objectivité et le professionnalisme des prévisions économiques, le respect des règles budgétaires, la viabilité à long terme et la gestion des risques budgétaires, – peut aussi bénéficier d'un soutien par l'intermédiaire d'institutions budgétaires indépendantes ou d'autres dispositifs institutionnels structurés de manière à permettre de contrôler la budgétisation publique et d'y contribuer de manière impartiale.

- Recommandation du Conseil de l'OCDE sur la gouvernance budgétaire

Dans cette section	
E	Gestion et contrôle interne de l'argent public
F	Favoriser le rôle de l'institution supérieure de contrôle (IFC)
G	Confier un rôle effectif aux institutions budgétaires indépendantes (IBI)

E	Gestion et contrôle interne de l'argent public
	Le gouvernement doit inspirer la crédibilité et la confiance dans la manière dont il lève et dépense les fonds publics et dans ses relations avec le secteur privé. Les outils fondamentaux qui permettent d'entretenir l'intégrité et la confiance du public sont des normes claires de gestion de l'argent public et le contrôle de leur application par des audits réguliers.

E.1 Les normes et procédures de gestion de l'argent public fixent explicitement les normes de probité et les responsabilités personnelles de tous les fonctionnaires de l'administration qui sont chargés de gérer des fonds publics.

☞ **Points de départ suggérés** : les normes et procédures devraient :

- s'appliquer dans toutes les entités publiques et à tous les niveaux de gouvernement

- préciser les procédures et missions distinctes qui s'appliquent à chaque étape de la gestion financière publique, y compris l'administration et la perception des recettes, les commandes et les paiements, les conditions de paiement et le contrôle des soldes impayés

- faire l'objet d'un audit interne (voir **E.2**) et d'un audit externe (voir **F**)

- être ouvertes et accessibles au grand public ainsi qu'aux fournisseurs de l'administration.

🌐 **Exemples autour du monde**	✦ **Normes et directives internationales**	
Irlande : les Procédures financières publiques sont un manuel officiel complet et accessible au public de règles et de procédures régissant l'utilisation et le contrôle des fonds publics. Ce manuel constitue également une référence essentielle pour le Contrôleur et Auditeur général dans l'exercice de ses fonctions d'institution supérieure de contrôle.	Principes budgétaires de l'OCDE	7(b)
	Meilleures pratiques de l'OCDE	3.2
	PEFA	PI – 19, 20, 22, 23, 25, 27, 30

E.2 Les procédures d'audit interne sont essentielles pour se prémunir contre l'utilisation malveillante ou frauduleuse et le gaspillage des fonds publics. Les inspecteurs des finances et les vérificateurs internes jouent eux aussi un rôle important en contribuant à l'amélioration des niveaux d'ensemble de l'effectivité des organisations.

☞ **Points de départ suggérés** : les procédures d'audit interne devraient :

- fonctionner en toute indépendance, en application des normes professionnelles de vérification

- consister à entreprendre des audits réguliers des principaux processus financiers et des principales unités chargées des dépenses et des recettes

- le cas échéant selon le contexte national, prévoir la communication des recommandations à toutes les parties prenantes, y compris les responsables de la gestion publique, le ministère des finances et le vérificateur externe.

🌐 Exemples autour du monde	✦ Normes et directives internationales	
Royaume-Uni : les règles de fonctionnement de l'administration exigent que tous les ministères se dotent d'un directeur financier, qui endosse toutes les responsabilités de nature financière dans son administration. Le directeur financier applique des mesures fermes et efficaces de contrôle et de gestion des ressources consacrées aux activités de l'organisation.	Meilleures pratiques de l'OCDE	3.2
	PEFA	PI – 19, 26
	Participation publique GIFT	XII

F	Favoriser le rôle de l'institution supérieure de contrôle (ISC)

Les institutions supérieures de contrôle (ISC) devraient être établies de manière à pouvoir entreprendre des audits indépendants, réguliers et de haute qualité. Elles devraient être chargées de certifier la conformité des dépenses publiques avec les lois, règles et mesures applicables, de vérifier le rapport financier de fin d'année du gouvernement et, de plus en plus, d'évaluer l'efficience et l'effectivité des politiques et des programmes publics.

F.1 Les principes fondamentaux d'établissement et de gouvernance des institutions supérieures de contrôle (ISC) sont fixés dans les normes internationales des institutions supérieures de contrôle des finances publiques (ISSAI) adoptées par INTOSAI (l'Organisation internationale des ISC). Ces principes fondamentaux couvrent les lignes directrices du contrôle des finances publiques, l'indépendance des ISC ainsi que les directives pratiques sur la conduite des audits. Les ISC devraient être instituées de manière à fonctionner conformément aux normes.

Points de départ suggérés : pour tenir compte de ces questions essentielles, les ISC devraient :

- bénéficier de ressources financières et humaines garanties et stables, et d'un accès illimité à l'information afin d'exercer leur mission de vérification

- se doter de procédures et de codes publics et documentés pour étayer les normes professionnelles qu'elles appliquent (manuels de déontologie et de vérification)

- dialoguer avec un ensemble de parties prenantes (notamment le parlement, les médias et la société civile) et fournir des informations pertinentes et actuelles concernant leur programme de travail et leurs conclusions

- idéalement, formuler des conclusions sur des questions transversales afin d'apporter un éclairage sur l'efficience, l'effectivité, la viabilité et l'intégrité des dépenses publiques dans l'ensemble de l'administration.

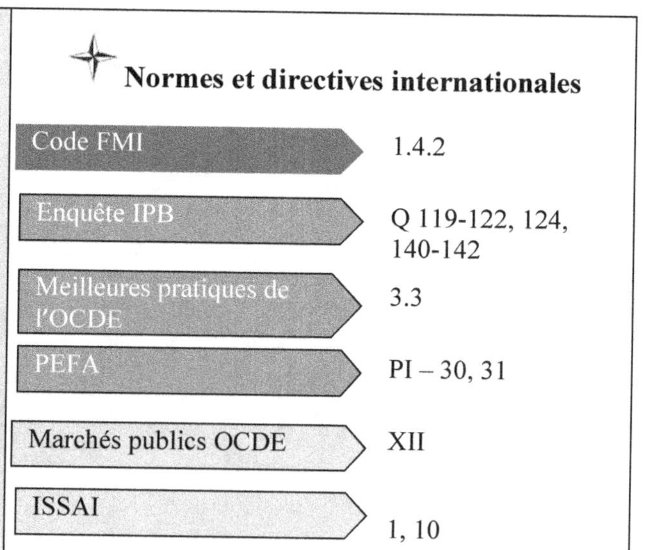

🌐 Exemples autour du monde	✦ Normes et directives internationales	
Brésil : l'institution supérieure de contrôle du Brésil (la TCU) est mandatée par la Constitution pour vérifier la performance et les comptes de l'exécutif fédéral. Les comptes sont jugés selon des critères de régularité et de performance. La TCU a également recours à des enquêtes, des recherches et des séances d'information avec des acteurs extérieurs afin de renforcer ses activités de vérification. Les lignes directrices de la TCU destinées aux vérificateurs sont fondées sur les normes internationales et liées aux plans stratégiques pluriannuels de l'institution.	Code FMI	1.4.2
	Enquête IPB	Q 119-122, 124, 140-142
	Meilleures pratiques de l'OCDE	3.3
	PEFA	PI – 30, 31
	Marchés publics OCDE	XII
	ISSAI	1, 10

F.2   **Le rapport d'audit externe** consiste en une analyse indépendante et officielle par l'ISC des **informations communiquées en fin d'année (voir A.8)** sur l'exécution budgétaire et des états financiers. Il sert principalement à établir si les informations communiquées par le gouvernement sont exactes et fiables et à indiquer s'il s'est plié au respect des lois et règles de gestion financière. Ce rapport peut également comporter des messages importants à l'intention des responsables publics, des parlementaires et du public sur les questions de corruption, de fraude, de mauvaise gestion et de gaspillage des ressources.

⚐   **Points de départ suggérés** – le rapport d'audit externe devrait :

- être réalisé selon les pratiques de vérification communément acceptées ou les ISSAI

- être présenté au parlement au plus tôt après la communication des informations de fin d'année (**A.8**)

- idéalement, comprendre une vérification des informations sur la performance qui ont été communiquées.

🌐 **Exemples autour du monde**	✣ **Normes et directives internationales**	
France : la Cour des comptes française conduit chaque année *i)* un examen du rapport d'exécution budgétaire de fin d'année, *ii)* un audit des états financiers en comptabilité d'exercice selon les normes ISSAI, et *iii)* formule des observations sur la performance de chaque ministère au cours de l'année, y compris un examen des principaux indicateurs de performance correspondant à chaque programme de politiques publiques.	Code FMI	1.4.2
	Principes budgétaires de l'OCDE	10
	Enquête IPB	Q AR2, 97
Autriche : la Cour des comptes autrichienne est un organisme fédéral indépendant, compétent aux niveaux étatique, régional et municipal. Chaque année, elle vérifie les états financiers de l'État fédéral et présente un rapport au Conseil national. Ce rapport se divise en deux parties : *i)* la première partie est présentée avant l'été et vise à analyser l'exécution budgétaire par chapitres et à éclairer le débat parlementaire sur le CDMT ; *ii)* la seconde partie est publiée à l'automne et présente les conclusions de l'audit financier.	Meilleures pratiques de l'OCDE	3.3
	PEFA	PI – 5, 8, 9, 30
	ISSAI	12, 100, 400

G	**Confier un rôle effectif aux institutions budgétaires indépendantes (IBI)**

De nombreux pays se sont dotés d'institutions budgétaires indépendantes (offices budgétaires parlementaires et conseils des finances publiques indépendants) qui servent à améliorer l'objectivité des prévisions macroéconomiques et budgétaires et à renforcer la discipline budgétaire en jouant un rôle de surveillance dans le cadre budgétaire national. Les IBI peuvent également favoriser la transparence et la responsabilité en matière financière en élevant la qualité du débat public national sur la politique budgétaire.

G.1   **La conception d'une IBI** doit tenir compte du contexte propre à chaque pays, notamment les attributions constitutionnelles et les traditions culturelles, de sorte que l'IBI puisse s'inscrire dans « l'architecture » institutionnelle budgétaire de manière utile et efficace – c'est le gage de la confiance du public envers la qualité et le professionnalisme de la prise de décisions budgétaires. De ce fait, la structure et les missions des IBI varient selon les pays, mais plusieurs principes essentiels peuvent être observés.

☞ **Points de départ suggérés** – la conception des IBI devrait viser à ce qu'elles :

- soient indépendantes, impartiales et dotées d'une expertise professionnelle

- disposent d'un mandat légal clair et bien défini

- bénéficient de niveaux garantis et stables de ressources qui soient suffisants pour exercer leur mission

- bénéficient en temps opportun d'un accès intégral aux informations d'ordre budgétaire provenant de l'exécutif

- conduisent leurs travaux et leurs activités en toute transparence à l'égard du public.

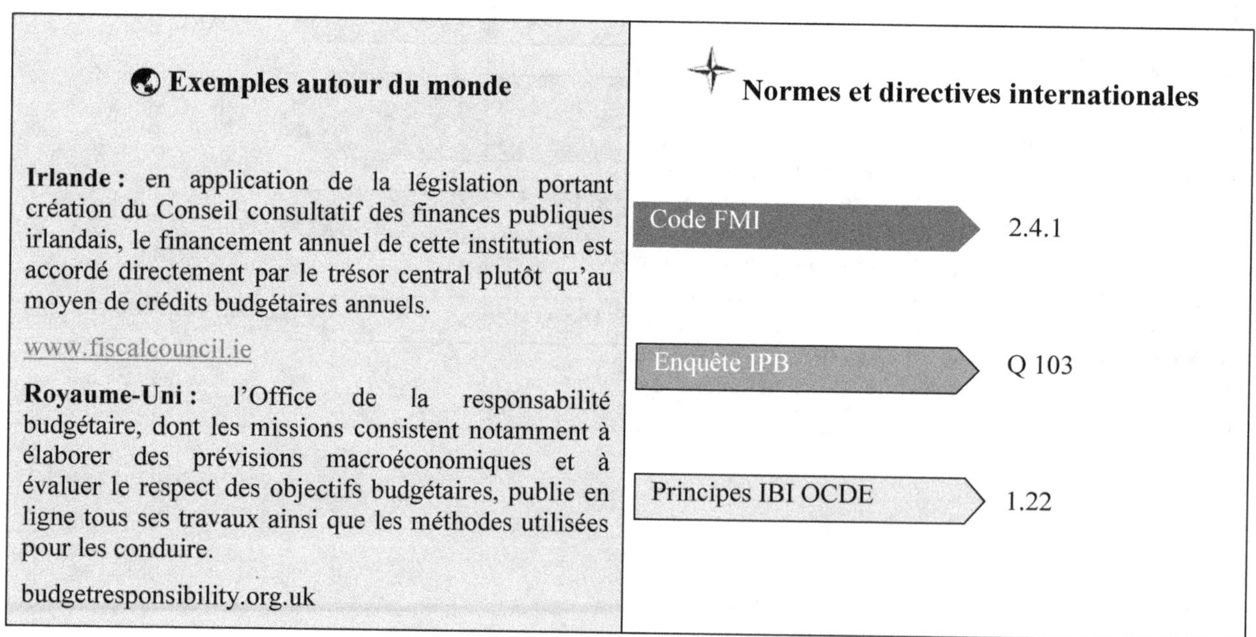

G.2   Les tâches et fonctions des IBI doivent être choisies afin d'améliorer la qualité globale de la prise de décision et du débat en matière budgétaire. Le rôle précis d'une IBI varie selon les pays et il n'existe pas de modèle unique pour ce type d'institution. En revanche, il est possible de s'inspirer de l'expérience abondante et des nombreuses lignes directrices qui existent sur le plan international pour déterminer les missions qu'il convient de confier à une IBI. En outre, certains pays se sont dotés de plusieurs institutions dont les rôles se complètent – par un exemple un office budgétaire parlementaire qui fournit des analyses budgétaires au parlement (voir la **Section D.1** ci-dessus) et un conseil des finances publiques chargé d'évaluer les prévisions du gouvernement et de contrôler les règles budgétaires.

☞ **Points de départ suggérés** – les fonctions qu'il convient d'attribuer aux IBI consistent notamment à :

- évaluer, approuver ou produire des prévisions macroéconomiques et/ou budgétaires officielles

- analyser les budgets et les plans budgétaires, et surveiller leur conformité avec les règles financières

- évaluer la viabilité à moyen et long terme des finances publiques

- fournir une estimation du coût des mesures proposées.

🌐 **Exemples autour du monde**	✦ **Normes et directives internationales**	
Suède : le Conseil suédois des politiques budgétaires a été créé en 2007. Sa mission consiste à évaluer *a)* si les objectifs de politique budgétaire et économique sont atteints ; *b)* la cohérence de la politique budgétaire avec la viabilité à long terme ; *c)* la situation de la politique budgétaire par rapport au cycle économique et *d)* les effets sur la répartition des politiques sociales. Il encourage également le débat public sur les politiques économiques. www.finanspolitiskaradet.com	Code FMI	2.4.1
	Principes budgétaires de l'OCDE	10
Pays-Bas : le Bureau CPB des Pays-Bas pour l'analyse des politiques économiques a été créé en 1945. Il est chargé d'établir les prévisions officielles du gouvernement concernant l'évolution économique et financière. Ses principales fonctions consistent à faire des prévisions, à établir le coût des mesures proposées et à conduire des recherches. www.cpb.nl	Enquête IPB	Q 104-105
	Principes IBI OCDE	1.22

Pour en savoir plus

FMI (2015), *Outil diagnostique d'évaluation de l'administration fiscale (TADAT)*, http://www.tadat.org/french/.

FMI (2014), *Strengthening Post-Crisis Fiscal Credibility: Fiscal Councils on the Rise, A New Dataset*, www.imf.org/external/pubs/ft/wp/2014/wp1458.pdf.

FMI (2013), *The Functions and Impact of Fiscal Councils*, Fonds monétaire international, Washington D.C., http://www.imf.org/external/np/pp/eng/2013/071613.pdf.

Hagemann, R. (2011), « How Can Fiscal Councils Strengthen Fiscal Performance? », ***OECD Journal: Economic Studies***, vol. 2011, n° 1, http://dx.doi.org/10.1787/eco_studies-2011-5kg2d3gx4d5c.

Kopits, G. (2011), « Independent Fiscal Institutions: Developing Good Practices », ***OECD Journal on Budgeting***, vol. 11, n° 3, http://dx.doi.org/10.1787/budget-11-5kg3pdgcpn42.

OCDE (2016), *Supreme Audit Institutions and Good Governance: Oversight, Insight and Foresight*, Éditions OCDE, Paris, http://dx.doi.org/10.1787/9789264263871-en.

OCDE (2011), *Good Practices in Supporting Supreme Audit Institutions*, Paris, www.oecd.org/dac/effectiveness/Final%20SAI%20Good%20Practice%20Note.pdf.

von Trapp, L., I. Lienert et J. Wehner (2016), « Principles for independent fiscal institutions and case studies », *OECD Journal on Budgeting*, vol. 15, n° 2, http://dx.doi.org/10.1787/budget-15-5jm2795tv625.

 Ouverture et engagement civique

Les citoyens doivent avoir le droit de participer au débat public sur la conception et l'exécution de la politique budgétaire, et, de même que tous les agents autres que l'État, ils devraient en avoir effectivement la possibilité.

- Principes de haut niveau sur la transparence, la participation et la responsabilisation en matière de finances publiques de GIFT

Assurer l'existence d'un débat inclusif, participatif et réaliste sur les choix budgétaires, en facilitant la participation des parlements, des citoyens et des organisations de la société civile à un débat franc sur les principales priorités, les arbitrages, les coûts d'opportunité et l'optimisation des ressources

- Recommandation du Conseil de l'OCDE sur la gouvernance budgétaire

Les administrations publiques mettent à la disposition des citoyens une synthèse accessible des effets des politiques budgétaires et leur donnent l'occasion de participer aux délibérations sur le budget.

- Code de transparence des finances publiques du FMI

Dans cette section	
H	Rendre les informations budgétaires accessibles au public
I	Utiliser des données ouvertes pour favoriser la transparence budgétaire
J	Rendre le budget plus inclusif et participatif

H	**Rendre les informations budgétaires accessibles au public**

Les documents et données budgétaires sont souvent très denses, complexes et difficiles à comprendre et à utiliser pour les citoyens ordinaires – voire pour les parlementaires et les praticiens du budget eux-mêmes. Faciliter la consultation et la compréhension des documents et des informations budgétaires à chaque étape du processus budgétaire contribue à garantir la compréhension qu'en a le public et, du même coup, à enrichir le débat public et le débat parlementaire, nourrissant ainsi la confiance envers les administrations publiques.

H.1 La clarté de la présentation des principales informations budgétaires qui peuvent être aisément comprises par le public et par les parties prenantes de la société civile est au cœur de la transparence budgétaire. Sans une information claire concernant la destination de l'argent public et les objectifs de sa répartition, il est plus difficile pour le gouvernement d'emporter l'adhésion à ses décisions et de faire comprendre son action, ainsi que de rendre des comptes. Il faut veiller attentivement à la présentation et à la communication des informations d'ordre budgétaire.

⚑ **Points de départ suggérés** – une présentation claire des informations budgétaires doit notamment consister à :

- présenter des tableaux budgétaires et des chiffres clés de la manière la plus simple et la plus directe, sous un format cohérent d'une année sur l'autre et d'un document à l'autre

- inclure une synthèse de haut niveau sur l'ensemble des mesures budgétaires et les effets

- placer les nombres abstraits en perspective au moyen de graphiques et schémas aisément compréhensibles

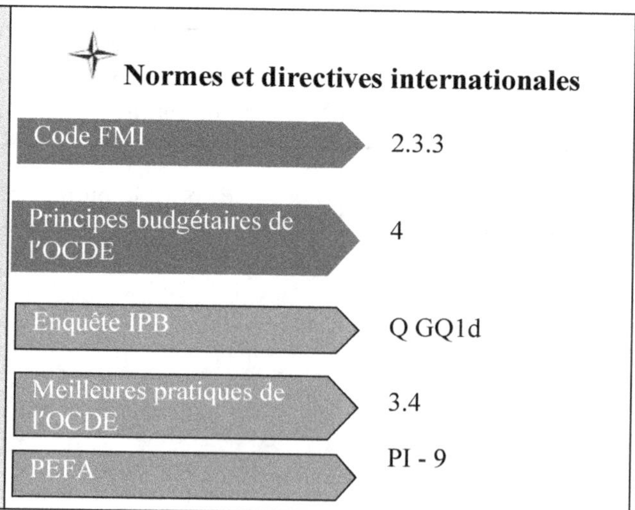

🌐 **Exemples autour du monde**	✳ **Normes et directives internationales**	
États-Unis : l'Office de la gestion et du budget (OMB) produit des perspectives budgétaires qui contiennent des analyses destinées à mettre en relief des domaines particuliers ou à fournir d'autres présentations importantes des données financières afin de mettre le budget en perspective. Il publie également des tableaux historiques qui contiennent un vaste ensemble de données sur les finances publiques et les hypothèses économiques depuis les années 1970.	Code FMI	2.3.3
	Principes budgétaires de l'OCDE	4
	Enquête IPB	Q GQ1d
	Meilleures pratiques de l'OCDE	3.4
	PEFA	PI - 9

H.2   La publication d'un budget des citoyens parallèlement au budget public en tant que tel améliore la compréhension qu'ont les citoyens des politiques publiques et renforce la transparence du processus d'élaboration des politiques. Un budget citoyen est une version plus simple et moins technique du budget de l'État, spécialement conçue pour présenter les informations principales au public en synthétisant de manière conviviale les principaux points du document budgétaire. Pour être utile, le budget des citoyens comporte notamment les points essentiels suivants : total des dépenses et des recettes, principales mesures budgétaires et prévisions macroéconomiques. Idéalement, ces documents adaptés à la consultation par les citoyens devraient être produits pour toutes les publications liées au cycle budgétaire (rapports de fin d'année, rapports d'audit, rapports budgétaires de milieu d'année).

 Points de départ suggérés concernant l'élaboration d'un budget des citoyens :

- consulter les citoyens en amont afin de l'élaborer en fonction de leurs besoins et de leurs lacunes en termes d'information

- utiliser une formulation et des illustrations claires et simples pour s'adresser à des personnes dont l'âge, les centres d'intérêt et les niveaux d'alphabétisation diffèrent

- l'utiliser pour aider les citoyens à trouver des détails plus précis dans la documentation budgétaire principale

- le produire en temps opportun, en même temps que la documentation budgétaire principale ou juste après

- le communiquer et le diffuser à grande échelle pour atteindre le public ciblé

🌏 **Exemples autour du monde**   ✦ **Normes et directives internationales**

Ghana : l'un des premiers pays africains à publier un budget des citoyens en 2006. Aujourd'hui, le ministère des finances alimente un site internet spécialement consacré au Budget des citoyens (http://myghanabudget.org/) et le Budget des citoyens pour 2016 a été traduit en sept langues locales.

Code FMI	2.3.3
Principes budgétaires de l'OCDE	4

Mexique : le ministère des finances du Mexique publie un budget des citoyens chaque année depuis 2010. Depuis 2014, une version pour les citoyens du rapportde fin d'année et du projet de budget de l'exécutif est également publiée. Le budget des citoyens est élaboré en collaboration avec les organisations de la société civile.

Enquête IPB	Q 64-67
PEFA	PI - 9

I	Utiliser des données ouvertes pour favoriser la transparence budgétaire

La publication des données budgétaires sous un format numérique ouvert permet aux citoyens et aux organisations de la société civile de disposer d'une ressource précieuse pour analyser et évaluer l'élaboration du budget et pour y participer. L'ouverture des données budgétaires permet au public de comprendre le processus budgétaire et d'élaboration des politiques et d'y prendre part, mais aussi de proposer des perspectives nouvelles et innovantes.

I.1 Les données ouvertes doivent obéir à des normes minimales en termes de format et de nature, qui sont d'une importance fondamentale pour déterminer qui peut utiliser les données et de quelle façon. Pour garantir la compatibilité des données avec un vaste éventail d'usages, les données ouvertes devraient permettre aux utilisateurs de comparer et de combiner différentes séries de données et de suivre les liens qui existent entre elles.

☞ **Points de départ suggérés** – les données ouvertes devraient être :

- publiées sur internet sous des formats lisibles par des machines et de préférence en code source ouvert

- désagrégées, modifiables, réutilisables, comparables et interopérables

- téléchargeables par fichiers entiers à des fins de recherche et d'analyse

- accompagnées d'informations sur l'origine des données, leur date de publication et d'autorisation

- gérées à long terme (historique des données) avec un suivi approprié des différentes versions.

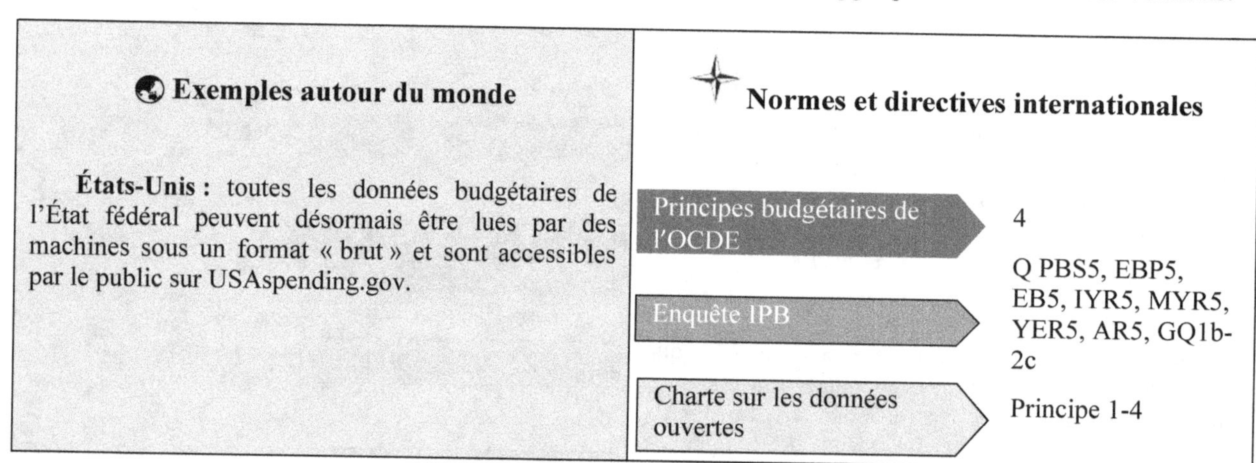

I.2 L'accès aux données budgétaires ouvertes est essentiel si l'on veut tirer pleinement parti de l'ouverture des données afin d'en améliorer la compréhension par le public et d'enrichir la qualité de l'analyse et du débat sur les questions budgétaires. La levée des obstacles entravant l'accès à ces données dépend de l'attention accordée à leur présentation. Idéalement, toutes les données budgétaires devraient être « ouvertes par défaut » de sorte qu'elles puissent être couramment utilisées à des fins de contrôle et de responsabilité et pour nourrir le débat public.

 Points de départ suggérés – l'accès aux données budgétaires ouvertes devrait être :

- libre, sans frais d'accès ni procédure d'enregistrement
- disponible sur un portail intégré qui permet aux utilisateurs de formuler eux-mêmes des recherches dynamiques
- fourni de manière régulière et actuelle pour assurer la participation du public
- relié à des outils de visualisation des données pour tirer le meilleur parti de leur utilisation.

Exemples autour du monde	Normes et directives internationales	
Bolivie : le ministère des finances publie des informations budgétaires détaillées provenant d'un système d'information (SIGMA - *Sistema Integrado de Gestión y Modernización Administrativa*) depuis 2000. Le site internet permet d'effectuer des recherches dynamiques, de télécharger des données sous divers formats, mais aussi l'horodatage des données et l'accès à des données historiques.	Données ouvertes G20	Principe 1-4
	Charte sur les données ouvertes	Principe 1-4
	Stratégies numériques gouvernementales OCDE	II. 1, 2, 3

I.3 L'intégration des portails de données budgétaires ouvertes avec les portails existants et leur mise en conformité avec la législation et la réglementation en vigueur élargit la diffusion et l'impact des données.

☞ **Points de départ suggérés** – les portails de données budgétaires ouvertes devraient :

- être protégés conformément aux lois sur la confidentialité et la protection des données

- être publiés directement à partir des systèmes d'information sur la gestion financière (FMIS) sur lesquels ils reposent, avec une description sur le portail de données ouvertes des données sous-jacentes disponibles

- utiliser des métadonnées et des langages communs afin de permettre les comparaisons internationales.

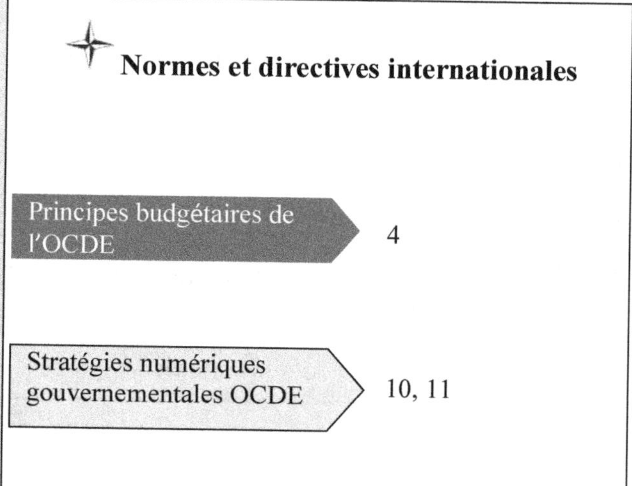

🌐 **Exemples autour du monde**

Brésil : le site internet du ministère des finances constitue une source d'information centralisée. Il fournit des informations complètes et des liens vers les sites relatifs aux finances publiques comme le « système integré de planification et de budgétisation », et les « rapports sur l'exécution budgétaire » qui sont publiés par le FMIS. Un « service d'information des citoyens », un « portail de la transparence » et le programme « Se familiariser avec l'argent public » améliorent l'accessibilité et encouragent la participation du public.

✦ **Normes et directives internationales**

J	Rendre le budget plus inclusif et participatif

L'élaboration et l'exécution du budget relèvent de la mission légale de l'exécutif, mais le renforcement de l'implication et de la participation des citoyens et de la société civile peut permettre d'en améliorer la réactivité, l'efficience, l'efficacité et la confiance. Il va de soi que ces approches doivent être compatibles avec les cadres juridiques nationaux et doivent compléter, et non saper, les processus performants de la démocratie représentative. En outre, un engagement plus important des citoyens est de nature à réduire les risques de corruption et à renforcer la culture de la démocratie ouverte.

J.1 Il convient de développer les possibilités d'engagement tout au long du cycle budgétaire avec différentes institutions en adoptant des méthodes ouvertes, innovantes et responsables. Le principe général doit être le suivant : les approches participatives devraient servir à compléter les mandats légaux et constitutionnels établis, et être conçues de manière à renforcer l'effectivité de l'élaboration des politiques et de la responsabilité à chaque étape.

☞ **Points de départ suggérés** concernant les possibilités de participation :

- il convient d'envisager des processus consultatifs en temps opportun pendant le cycle budgétaire en tenant compte des connaissances, des intérêts et des capacités des citoyens
- renforcer la participation du parlement et la consultation citoyenne pendant les phases du cycle politique et budgétaire auxquelles le parlement est associé le plus étroitement
- les institutions supérieures de contrôle (ISC) peuvent tirer parti des observations formulées par les usagers – particuliers et groupes – des services publics afin de mieux cerner la qualité de l'exécution budgétaire et d'affiner la conception des programmes d'audit.

🌐 Exemples autour du monde

Irlande : le Dialogue économique national est un forum consultatif préalable au budget qui rassemble divers acteurs de la société civile et des acteurs parlementaires afin de débattre des priorités du budget d'octobre. Il se tient en juin, après que le gouvernement a déterminé (à partir du semestre budgétaire du printemps) le niveau de « marge budgétaire » disponible pour l'exercice suivant, et avant la présentation par chaque ministère de son projet de budget. Le Forum est modéré par un président indépendant et toutes ses séances sont publiques.

✦ Normes et directives internationales

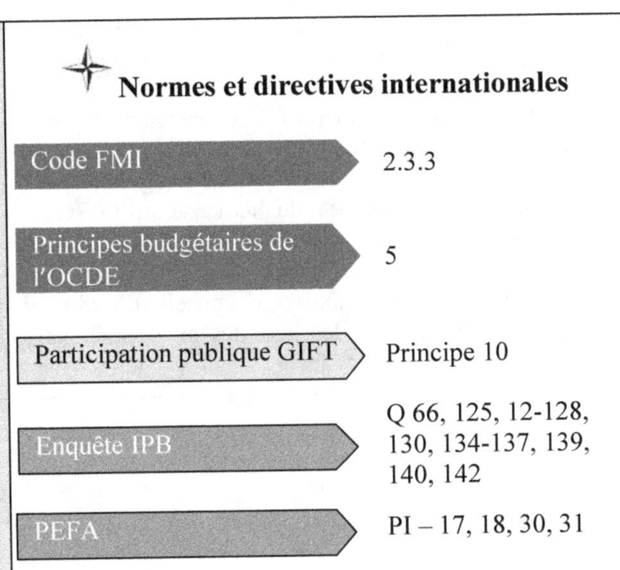

J.2 La participation concrète et éclairée du public est nécessaire pour s'assurer qu'il dispose d'un aperçu de la conception, des résultats et des effets du budget, et pour constituer le socle d'un engagement productif et constructif avec d'autres parties prenantes au processus budgétaire.

Points de départ suggérés pour favoriser un engagement concret et éclairé :

- information sur les contraintes budgétaires, le coût des mesures, les coûts d'opportunité et les arbitrages politiques, et contributions aux grands objectifs de l'action publique et aux questions transversales

- classement des effets sur le revenu et le bien-être par groupes de revenus et par type de ménages

- effets sur les différentes catégories sociales, en particulier les catégories vulnérables et marginalisées

- idéalement, effets multidimensionnels des mesures choisies, y compris leurs effets économiques, sociaux et environnementaux, ainsi que les effets sur l'égalité entre les hommes et les femmes, étant entendu que ces études d'impact peuvent également être fournies dans le cadre de la communication plus générale d'informations publiques plutôt que dans celui de rapports strictement budgétaires.

🌐 **Exemples autour du monde**	✦ **Normes et directives internationales**	
Corée : les six mécanismes utilisés couvrent l'intégralité du cycle budgétaire. Pendant l'étape de l'élaboration du budget, *1)* des discussions formelles ouvertes sont tenues à l'intention du public, *2)* des représentants du ministère des finances organisent des réunions avec les responsables des autorités locales et les citoyens, *3)* un conseil consultatif des politiques budgétaires examine et finalise le budget et *4)* une audition collective d'experts a lieu. Pendant la phase d'exécution, *5)* les citoyens peuvent solliciter un centre d'information sur le gaspillage budgétaire pour faire état de toute allégation de mauvaise utilisation ou de gaspillage des fonds publics. Pendant la phase de vérification, *6)* les citoyens ont la possibilité d'adresser des suggestions au conseil d'audit et d'inspection concernant les activités ou les dépenses des entités publiques contrôlées.	Code FMI	2.3.3
	Principes budgétaires de l'OCDE	5
	Enquête IPB	Q 36, 52, 94
	Participation publique GIFT	Principe 6
	Données ouvertes G20	Principe 5

J.3 La conception d'un processus participatif devrait viser à démontrer son utilité et sa pertinence pour le processus d'élaboration du budget, contribuant ainsi à généraliser cette approche dans différents cycles politiques et dans d'autres administrations. Il est utile que le cadre juridique permette et favorise une approche ordonnée et transparente de l'engagement civique.

☞ **Points de départ suggérés** concernant la conception d'un processus de participation :

- publication explicite des objectifs, de la portée et du processus d'engagement civique à l'élaboration du budget

- adapter les méthodes d'engagement aux différents participants

- utiliser une combinaison de mécanismes proportionnés à la nature de la question visée

- ménager un délai suffisant pour que les résultats de l'engagement produisent leurs effets sur les mesures budgétaires

- assurer un suivi et informer les citoyens en temps opportun des progrès accomplis et des résultats obtenus

- s'assurer que les catégories les plus vulnérables de la population sont associées.

🌐 **Exemples autour du monde**	✦ **Normes et directives internationales**	
Philippines : création de l'Accord de partenariat sur le budget (BPA), un mécanisme de dialogue des organisations de la société civile avec les organismes de l'administration nationale sur l'élaboration des projets de budget. Il ne s'agit que d'un instrument parmi d'autres adoptés aux Philippines pour rendre le processus budgétaire plus participatif. La note d'engagement civique de 67 obtenue dans l'Enquête 2015 sur l'ouverture budgétaire témoigne de ces efforts.	Principes de haut niveau GIFT	1, 2, 4, 6, 7, 8
	Enquête IPB	Q 126, 129, 131-133, 138, 141

Pour en savoir plus

Dener, C. et S. Y. Min (2013), *Systèmes d'Information de Gestion Financière et Données Budgétaires Ouvertes*, Banque mondiale, Washington D.C., http://documents.worldbank.org/curated/en/322051509949113324/pdf/81332-FRENCH-PUBLIC-WB-Study-FMIS-and-OBD-fre.pdf.

Fölscher, A. (2007), « A Primer on Effective Participation », in Shah, A. (dir. pub.), *Participatory Budgeting*, Banque mondiale, Washington D.C., pp. 243–255, http://siteresources.worldbank.org/PSGLP/Resources/ParticipatoryBudgeting.pdf.

IBP (2017), Web resource on citizen's budgets, http://www.internationalbudget.org/opening-budgets/citizens-budgets/.

IBP (2012), *Le Pouvoir de simplifier les choses*, www.internationalbudget.org/publications/the-power-of-making-it-simple-a-government-guide-to-developing-citizens-budgets/.

Partners of the Americas (2006), *Involving Citizens in Public Budgets – Mechanisms for Transparent and Participatory Budgeting*, Partners of the Americas, Washington D.C., http://www.internationalbudget.org/publications/involving-citizens-in-public-budgets-mechanisms-for-transparent-and-participatory-budgeting/.

Petrie, M. et J. Shields (2010), « Producing a Citizens' Guide to the Budget: Why, What and How? », in ***OECD Journal on Budgeting***, vol. 10, n° 2, http://dx.doi.org/10.1787/budget-10-5km7gkwg2pjh.

G20 (2015), *G20 Principles for Promoting Integrity in Public Procurement*, www.seffaflik.org/wp-content/uploads/2015/02/G20-PRINCIPLES-FOR-PROMOTING-INTEGRITY-IN-PUBLIC-PROCUREMENT.pdf.

G20 (2015), *Introductory note to the G20 anti-corruption open data principles*, http://www.g20.utoronto.ca/2015/G20-Anti-Corruption-Open-Data-Principles.pdf.

Gray, J. (2015), *Open Budget Data - mapping the landscape*, Initiative mondiale sur la transparence des finances publiques (GIFT), www.fiscaltransparency.net/resourcesfiles/files/20150902128.pdf.

Marchessault, L. (2015), *Public Participation and the Budget Cycle: Lessons from Country Examples*, Initiative mondiale sur la transparence des finances publiques (GIFT), www.fiscaltransparency.net/resourcesfiles/files/20151116137.pdf.

OCDE (à paraître), *Digital Government Toolkit*.

OCDE (2015), *Policy Shaping and Policy Making: The Governance of Inclusive Growth*, Éditions OCDE, Paris, www.oecd.org/governance/ministerial/the-governance-of-inclusive-growth.pdf.

OCDE (2014), *Recommendation of the Council on Digital Government Strategies*, Éditions OCDE, Paris, www.oecd.org/gov/digital-government/Recommendation-digital-government-strategies.pdf.

Open Contracting Partnership (2014), *Standard de données sur la commande publique ouverte*.

Promouvoir l'intégrité avec le secteur privé

« Le secteur des administrations publiques doit être clairement défini et distingué aux fins de la communication de l'information, de la transparence et de la responsabilisation, et ses relations avec le secteur privé doivent être divulguées et transparentes, et suivre des règles et des procédures claires. »

- Sixième principe GIFT de haut niveau

« Assurent un degré adéquat de transparence du système de passation de marchés publics à toutes les étapes du cycle de passation de ces marchés [...] and favorisent l'intégration des marchés publics au sein des processus généraux de gestion des finances publiques, de budgétisation et de prestation des services publics. »

- Recommandation du Conseil sur les marchés publics 2015

« Il apparaît de manière de plus en plus évidente que la passation de marchés ouverts permet aux administrations d'économiser du temps et de l'argent, de prévenir la corruption et la fraude, d'améliorer le climat des affaires, de dynamiser les petites entreprises et de contribuer à fournir des biens et services de meilleure qualité aux citoyens. »

- Open Contracting Partnership (OCP) Strategy 2015-2018

|« Nous reconnaissons que la compréhension du public des revenus et des dépenses des gouvernements sur la durée est susceptible de contribuer au débat public et de faciliter le choix d'options appropriées et réalistes favorisant le développement durable. »

- 4e principe EITI

Dans cette section	
K	Ouverture des marchés et achats publics
L	Rendre compte des recettes et dépenses liées aux ressources naturelles
M	Gérer les investissements dans les infrastructures pour favoriser l'intégrité, l'optimisation des ressources et la transparence

K	Ouverture des marchés et achats publics

L'ouverture des marchés et achats publics crée de la transparence, permet la participation, élargit l'accès aux marchés publics et optimise les ressources. Elle porte sur l'ensemble du cycle de passation des marchés, depuis la planification jusqu'à la clôture d'un marché. Les informations divulguées – qu'il s'agisse de leur nature ou de leur volume – doivent être exhaustives et soumises à des règles de sécurité et de confidentialité des données.

K.1 L'ouverture du cycle des marchés publics dans son intégralité permet de traiter les fournisseurs potentiels de manière juste et équitable. En renforçant la concurrence et en permettant la participation, elle contribue à l'optimisation des ressources. Plus la transparence est grande, plus les risques de collusion et de corruption sont réduits.

☞ **Points de départ suggérés** : le principe d'ouverture devrait s'appliquer :

- au système de marchés publics (cadres institutionnels, règlementation, procédures)

- à des appels d'offres ouverts et concurrentiels

- à l'ensemble des documents de l'offre, aux rapports d'évaluation et aux documents contractuels

- à la performance du système de marchés publics (suivi des résultats, données)

- aux risques associés et aux actifs et passifs publics liés au marché

- à l'harmonisation des processus de passation des marchés avec la gestion des finances publiques

---

🌐 **Exemples autour du monde**

Mexique : le système d'information sur les marchés publics (Compranet) concernant les marchandises, les services, le crédit-bail et les travaux publics, publie des informations telles que les programmes annuels de marchés publics, les procédures d'appel d'offres, l'inventaire des attributions de marchés et les plaintes déposées formellement.

Pérou : le système d'informaton sur les travaux publics permet de suivre les travaux publics selon différents critères (étape, contractant, montant investi et autres). Il informe le public sur les marchés publics et fournit aux citoyens la possibilité de contrôler leur exécution.

✛ **Normes et directives internationales**

PEFA ➤ PI - 24

Marchés publics OCDE ➤ II

K.2 Le recours à des outils de passation électronique des marchés élargit l'accès aux marchés publics et renforce leur équité. La numérisation accroît l'efficience et l'efficacité des marchés publics grâce à la normalisation du processus et au renforcement de son caractère concurrentiel. Il est utile de disposer de lois, de règles et de mesures qui permettent ou prévoient le recours aux méthodes et instruments électroniques aux fins de la passation de marchés publics.

☞ **Points de départ suggérés** pour des méthodes efficaces de passation électronique des marchés publics :

- couverture systématique du cycle des marchés publics à tous les niveaux de gouvernement

- approche conviviale reposant sur des outils faciles à comprendre et à utiliser

- systèmes garantissant la confidentialité et la sécurité des données, l'authentification et un traitement équitable

- intégration avec les systèmes existants comme le système d'information sur la gestion financière

- renforcement des capacités des utilisateurs (agences publiques et candidats/fournisseurs)

- communication claire pour sensibiliser les utilisateurs et favoriser leur adhésion.

<table>
<tr><td>

🌐 **Exemples autour du monde**

Corée : le recours au système de passation de marché publics pleinement intégré de bout en bout, KONEPS, est obligatoire pour tous les organismes publics. Il contient un système de soumission électronique par reconnaissance des empreintes digitales pour atténuer le risque de pratiques illégales. Le système a permis de réduire les coûts de transport et d'accroître la participation aux appels d'offres publics.

Ukraine : le système de passation électronique des marchés ProZorro a été lancé en 2015. Il a été mis au point par un partenariat public-privé fondé sur la Norme relative aux données contractuelles ouvertes. Il aurait permis d'économiser 1,5 million de dollars US de fonds publics au cours des trois premiers mois de l'expérimentation.

</td><td>

✦ **Normes et directives internationales**

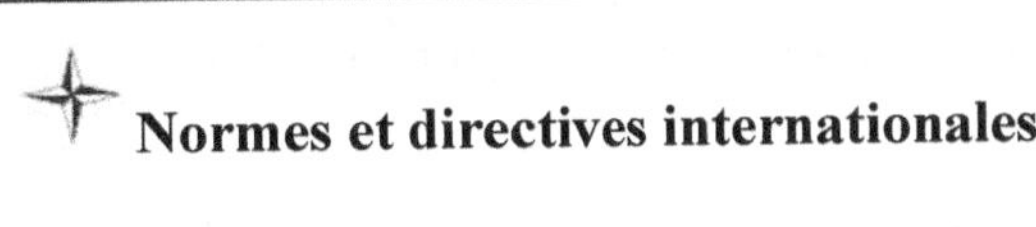

</td></tr>
</table>

K.3 Favoriser la participation réaliste et efficace des parties prenantes au système de passation des marchés renforce le dialogue et le contrôle et, du même coup, réduit les risques. L'approche participative contribue à réduire les possibilités de fraude et de corruption. La section J de la présente Panoplie décrit plusieurs méthodes générales de promotion d'une approche participative de l'élaboration du budget.

☞ **Points de départ suggérés** concernant les approches participatives dans ce domaine :

- organiser un processus consultatif lorsque des modifications sont apportées au système de marchés publics (amendements législatifs et réglementaires)

- entretenir des dialogues réguliers avec les fournisseurs et les entreprises afin de présenter les objectifs des marchés publics et de veiller à la bonne compréhension des marchés

- mettre en place un mécanisme transparent et indépendant de règlement des différends sur le fond

- envisager l'établissement de mécanismes de la société civile afin de contrôler l'intégrité des marchés publics.

🌐 **Exemples autour du monde**	✦ **Normes et directives internationales**
Royaume-Uni : des séances d'information *a posteriori* sont tenues dans les quinze jours qui suivent l'attribution d'un marché. Les séances sont présidées par des hauts fonctionnaires chargés des marchés publics qui ont été associés à la passation du marché concerné. La séance d'information comprend : une explication ouverte de la sélection des offres et du processus d'évaluation ; les forces et faiblesses de l'offre du fournisseur ; et une présentation du point de vue du fournisseur sur le processus. La séance fait l'objet d'un compte rendu.	Principes budgétaires de l'OCDE — 5 PEFA — PI - 24 Marchés publics OCDE — II, VI

L	**Rendre compte des recettes et dépenses liées aux ressources naturelles**

La transparence dans le secteur des industries extractives est particulièrement pertinente parce que dans les pays disposant de ressources abondantes, ce secteur peut être à l'origine d'une part importante des recettes publiques. Dans le même temps, la complexité technique et la participation d'un nombre réduit d'entreprises et d'organismes publics présentent un risque élevé en matière d'intégrité. Les questions connexes de viabilité et d'équité entre les générations peuvent également bénéficier d'un surcroît de transparence.

L.1 La communication intégrale des recettes publiques liées aux industries extractives dans les documents d'ordre budgétaire contribue à parachever la transparence, l'engagement civique et le suivi. Compte tenu des risques de corruption propres au secteur des industries extractives, il est d'autant plus indispensable d'y appliquer rigoureusement les principes d'ouverture et de transparence budgétaires.

⚑ **Points de départ suggérés** – les documents d'ordre budgétaire devraient détailler clairement :

- les recettes liées aux ressources naturelles telles que les taxes sur les bénéfices, les redevances, les dividendes, les droits et les concessions

- les factures de l'administration concernant le paiement par les entreprises des recettes liées aux ressources naturelles (voir également **L.3**)

- le financement et les activités de tout Fonds des ressources naturelles et de toute entreprise publique impliquée dans l'extraction ou la vente de ressources naturelles

- le solde budgétaire hors ressources naturelles et le solde global

- les estimations et prévisions de la valeur des actifs en ressources et l'évolution des recettes liées aux ressources naturelles

- les risques associés aux recettes liées aux ressources naturelles et la volatilité du secteur

<table>
<tr><th>🌐 Exemples autour du monde</th><th>✦ Normes et directives internationales</th></tr>
<tr><td>

La Norvège applique la norme EITI depuis 2011. Outre la publication d'un rapport annuel EITI, elle publie les données EITI sur le portail de transparence des données publiques. D'autre part, la Banque centrale norvégienne (Norges Bank) publie des rapports annuels et trimestriels qui fournissent des informations sur le fonds utilisé pour administrer les recettes liées aux ressources naturelles. Ces rapports comprennent des informations sur les transferts budgétaires (dans les deux sens), l'évolution du marché, la rentabilité des investissements et des revenus, les tendances relatives à l'exposition aux risques, et les coûts administratifs.

</td><td>

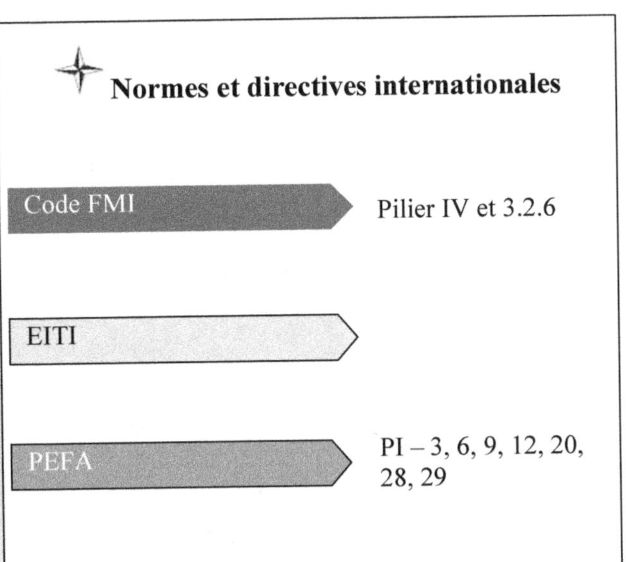

</td></tr>
</table>

L.2 Rendre compte de l'utilisation de l'argent contribue au suivi des flux financiers et, de ce fait, facilite la détection des cas de mauvaise gestion et de corruption. Ces informations devraient être communiquées dans le cadre de la documentation ordinaire en matière budgétaire tout au long de l'année.

☞ **Points de départ suggérés** – il convient de fournir des détails sur :

- la manière dont les recettes liées aux ressources naturelles sont gérées (dans le budget et hors budget)

- le partage des recettes liées aux ressources naturelles et/ou des dépenses liées aux programmes spécifiques liées aux ressources naturelles ou aux administrations infranationales

- les coûts des « activités quasi budgétaires » (développement de grandes infrastructures publiques) conduites par des entreprises publiques dans le secteur des ressources naturelles

- le solde, les flux, le développement et les politiques et activités d'investissement des fonds spécialement établis, lorsqu'ils sont utilisés pour gérer les recettes liées à l'exploitation des ressources naturelles.

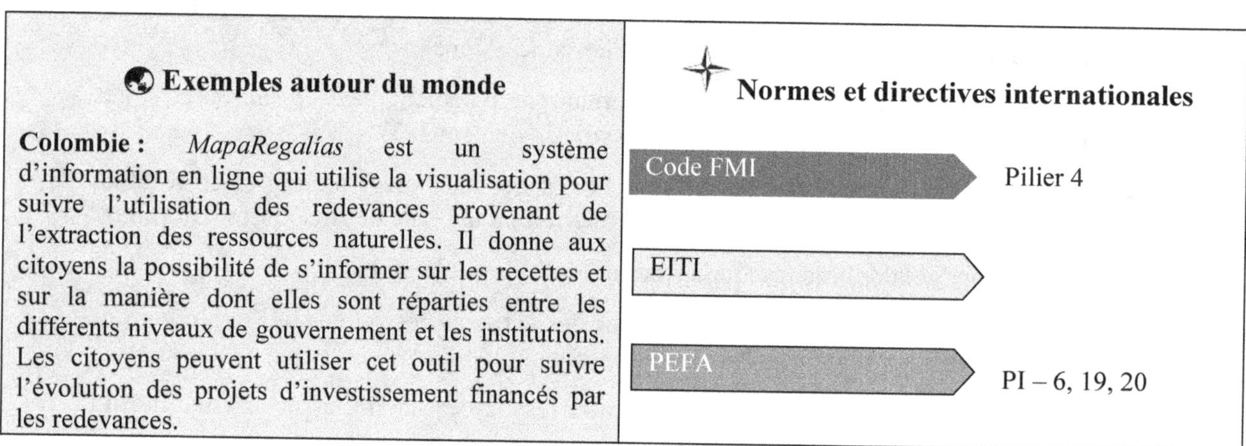

L.3 Le respect des normes internationales spécialisées dans le domaine des ressources naturelles contribue à la transparence budgétaire des recettes et aux dépenses liées aux ressources naturelles et accroît la crédibilité et la confiance sur le plan international.

☞ **Points de départ suggérés** – pour appliquer les normes internationales, la transparence doit concerner :

- le régime financier qui régit le secteur des industries extractives
- le niveau et la nature de la participation de l'État au secteur des industries extractives
- l'autorisation de production de l'entreprise publique
- la dépense sociale et économique, afin de permettre aux parties prenantes d'évaluer si le secteur des industries extractives produit des impacts et résultats sociaux et économiques souhaitables
- la vérification publiée des factures de l'administration concernant les paiements par les entreprises des recettes liées aux ressources naturelles en regard des paiements versés par l'entreprise à l'administration.

✦ Normes et directives internationales	
Code FMI	Pilier 4
EITI	2.7

M	**Gérer les investissements dans les infrastructures pour favoriser l'intégrité, l'optimisation des ressources et la transparence**

Étant donné leur envergure, leur complexité technique et le grand nombre de parties prenantes, les projets d'infrastructures sont exposés au risque de corruption, de collusion et de mauvaise gestion. Pour minimiser les risques financiers et garantir l'intégrité du processus d'investissement, les infrastructures doivent être gérées de manière transparente et efficace afin d'assurer l'intégrité, de favoriser des choix de réalisation transparents et de communiquer les données pertinentes au public.

M.1 Cartographier les risques de corruption à chaque étape de la réalisation du projet pour faciliter l'adoption d'une approche stratégique et réfléchie de la gestion des risques de corruption, de gaspillage et de recherche du profit.

Points de départ suggérés pour se prémunir contre la corruption dans ce domaine :

- choix des projets clairement fondé sur des besoins identifiés et sur l'intérêt général

- estimation crédible et fondée sur des données probantes des coûts et des avantages

- normes justes, efficaces et non discriminatoires de sélection des offres

- mécanismes visant à garantir la responsabilité et l'optimisation des ressources lors de l'évaluation des offres

- audits de vérification du projet à différentes étapes, par exemple par l'institution supérieure de contrôle

- évaluation *a posteriori* du projet pour évaluer sa réalisation et les avantages escomptés.

🌐 **Exemples autour du monde**	✦ **Normes et directives internationales**
Royaume-Uni : le processus « Gateway » permet d'examiner les projets d'infrastructures à cinq étapes essentielles (passages, ou *gateways*) de leur cycle de vie. Chaque passage doit être franchi avant de passer à l'étape suivante. L'examen de ces passages porte principalement sur *1)* l'évaluation stratégique, *2)* la motivation économique, *3)* la stratégie de réalisation, *4)* la décision d'investir, *5)* la préparation du service et *6)* l'examen du fonctionnement et de la concrétisation des avantages. Ce processus contribue à évaluer les progrès et la réussite du projet, ainsi que les risques potentiels qui y sont liés.	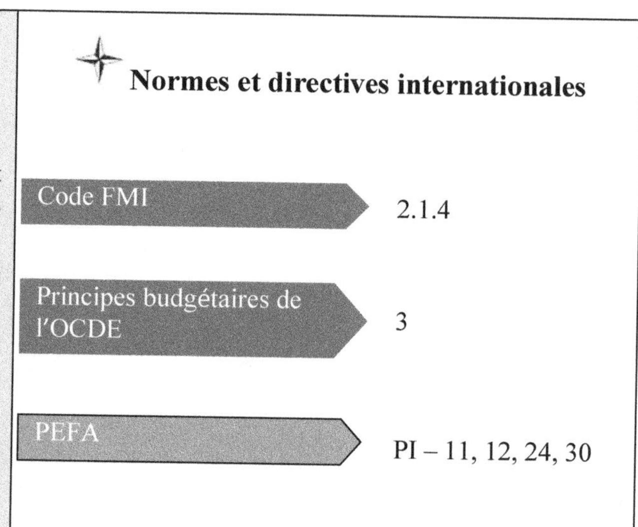

M.2 Les infrastructures doivent être abordables et optimiser les ressources. En faisant en sorte que les avantages de ces actifs dépassent leur coût, on atteste du caractère transparent et efficient des choix de réalisation. Pour tous les projets d'infrastructure, cela suppose également l'existence d'un marché concurrentiel qui facilite la présentation d'offres en concurrence pour obtenir le marché. La comparaison des différentes formes de réalisation d'une infrastructure (concessions/financements privés ou, au contraire, travaux publics classiques) doit s'appuyer sur un ensemble de principes et de méthodes visant à garantir que l'option présentant le meilleur rapport coût-avantages est retenue. L'organisme de sélection du projet (qu'il s'agisse de l'autorité budgétaire centrale, d'un ministère ou d'une agence) doit s'assurer que les utilisateurs souhaitent et peuvent payer et que l'enveloppe budgétaire à moyen terme est assortie d'une marge budgétaire suffisante pour financer le projet.

☞ **Points de départ suggérés** pour garantir l'optimisation des ressources dans ce domaine :

- définir des normes et des méthodes claires et objectives afin de comparer les différentes options de réalisation/financement – comparateur du secteur public, par exemple.

- contrôle professionnel centralisé (par exemple au sein du ministère des finances) de tous les projets pour vérifier leur caractère abordable et l'optimisation des ressources

- existence d'un marché concurrentiel stable des infrastructures avec un système d'appels d'offres concurrentiel et de passation efficace des marchés (voir section **K**)

- Analyse coût-avantages de tous les projets d'infrastructures sur une base solide et uniforme, afin d'identifier tous les effets prospectifs sur le plan économique, social et environnement, et de consulter le public concerné.

🌐 **Exemples autour du monde**	✛ **Normes et directives internationales**	
Allemagne : les directives sur « l'analyse de faisabilité économique des projets de partenariat public-privé » (2006) établissent des normes en plusieurs étapes pour garantir le respect du principe d'efficience dans l'administration publique. Ces étapes sont *i)* les volets relatifs à la spécification des besoins, au financement et à l'efficience du projet, *ii)* le test d'aptitude du PPP, et *iii)* l'établissement d'un projet de référence pour le comparateur du secteur public et l'étude préliminaire de faisabilité économique.	Code FMI	2.1.4
	Principes budgétaires de l'OCDE	6
	PEFA	PI - 11

M.3. La communication proactive au public des données pertinentes, y compris les principales données budgétaires, de manière ponctuelle et accessible, renforce la transparence, la concurrence, la confiance et l'optimisation des ressources tout au long du processus de passation du marché et de réalisation des projets d'infrastructure.

🏳 **Points de départ suggérés** concernant la communication proactive de données dans ce domaine, sous réserve du respect des règles nationales en matière de communication de données sensibles sur le plan commercial et d'autres données confidentielles :

- informations de base sur le projet, dates et délais de passation du marché, liens vers tous les documents du marché et coordonnées des parties prenantes

- évaluation du projet et examen indépendant de l'évaluation

- détails sur le total estimé et le montant annuel des coûts du projet, recensement des risques et information concernant ceux qui y seront exposés, évaluation des différents marchés pouvant être passés et informations financières.

- soutien éventuel de l'administration sous forme de garanties, de subventions, de services de paiement, de location de terrains, de transfert d'actifs et de partage des recettes

- tarification et établissement des prix, des paiements en cas de défaut ou de résiliation, et renégociations

- informations sur la performance, les détails relatifs au suivi du projet et les détails sur les actifs disponibles

- tous les paiements, recettes, passifs, passifs éventuels et engagements sont clairement intégrés dans la documentation budgétaire et dans les rapports de fin d'année (**A.8**).

🌐 **Exemples autour du monde**	✚ **Normes et directives internationales**
Colombie-Britannique (Canada) : la Colombie-Britannique publie des directives sur l'information proactive dans sa politique d'information sur les marchés publics concernant les partenariats public-privé, mise à jour en 2012. Ce document d'orientation recommande par exemple la publication de documents de demande de qualification sur le site internet du projet ou d'un lien vers le site des appels d'offres de la province, ainsi que du nombre (sans les noms) des parties qui répondent à cette demande. D'autre part, il est recommandé de publier les noms et le nombre des parties qui sont retenues à l'issue de l'étape de la demande de qualification, ainsi que l'offre préférée dès que l'évaluation est à un stade avancé.	Code FMI ▸ 2.1.4
	Principes budgétaires de l'OCDE ▸ 6
	PEFA ▸ PI – 5, 6, 8, 9, 11, 12, 29

Pour en savoir plus

Banque mondiale (2017), site internet *Public Investment Management*, http://web.worldbank.org/WBSITE/EXTERNAL/TOPICS/EXTPUBLICSECT ORANDGOVERNANCE/0,,contentMDK:23136527~pagePK:148956~piPK:2 16618~theSitePK:286305,00.html.

Banque mondiale (2011), *e-Procurement Reference Guide*, Banque mondiale, Washington D.C., http://siteresources.worldbank.org/INFORMATIONANDCOMMUNICATION ANDTECHNOLOGIES/Resources/2011_WorldBankICT_eProcurement_Refe rence_Guide.docx.

Banque mondiale (2007), *Corruption and Technology in Public Procurement*, Banque mondiale, Washington D.C., http://documents.worldbank.org/curated/en/2007/04/10449733/corruption-technology-public-procurement.

FMI (2017), site internet *Public Investment Management*, http://www.imf.org/external/np/fad/publicinvestment/.

FMI (2007), *Guide sur la transparence des recettes des ressources naturelles*, Fonds monétaire international, Washington D.C., www.imf.org/external/np/pp/2007/eng/101907g.pdf.

Groupe de la Banque mondiale (2015), *A Framework for Disclosure in Public-Private Partnership Projects*, http://pubdocs.worldbank.org/en/773541448296707678/Disclosure-in-PPPs-Framework.pdf.

Initiative pour la transparence dans le secteur de la construction (CoST), http://www.constructiontransparency.org/.

IPSASB, *Normes comptables internationales du secteur public 32* (Concession de services: concédant).

OCDE (2016), *Cadre d'intégrité pour l'investissement public*, Éditions OCDE, Paris, http://dx.doi.org/10.1787/9789264263543-fr.

OCDE (2015), High-Level Principles for Integrity, Transparency and Effective Control of Major Events and Related Large Infrastructure, Éditions OCDE, Paris, http://www.oecd.org/gov/ethics/High-Level_Principles_Integrity_Transparency_Control_Events_Infrastructures.pdf.

OCDE (2015), *Towards a Framework for the Governance of Infrastructure*, Paris, www.oecd.org/gov/budgeting/Towards-a-Framework-for-the-Governance-of-Infrastructure.pdf.

OCDE (2012), *Recommandation du Conseil sur les Principes applicables à la gouvernance publique des partenariats public-privé*, Éditions OCDE, Paris, www.oecd.org/governance/budgeting/PPP-Recommendation.pdf.

OCDE (2010), *Methodology for Assessing Procurement Systems (MAPS)*, Paris, http://www.oecd.org/dac/effectiveness/45181522.pdf.

OCP (2015), *2015–2018 Strategy*, Open Contracting Partnership (OCP), www.open-contracting.org/resources/strategy-2015-2018/.

OCP (2013), *Open Contracting – A guide for practitioners by practitioners*, Open Contracting Partnership (OCP), www.unpcdc.org/media/416641/open_contracting_a_guide_for_practitioners_by_practitioners-v2.pdf.

Annexe : Transparence tout au long du cycle budgétaire

	Gouvernement	Parlement	Contrôle indépendant	Société civile	Secteur privé
Cycle entier	B.1-2 Intégration d'informations financières pertinentes dans les documents d'ordre budgétaire	C.1 Commission parlementaires D.1-2 Renforcer les capacités des parlements	G.1 Participation des IBI au processus budgétaire	H.1 Clarté de la présentation des principales informations budgétaires I. Utiliser des données ouvertes pour favoriser la transparence budgétaire J. Rendre le budget plus inclusif et participatif	L.3 Respect des normes internationales de transparence dans les industries extractives (EITI) M. Gérer les investissements dans les infrastructures pour favoriser l'intégrité, l'optimisation des ressources et la transparence
Élaboration du budget	A.1 La déclaration budgétaire préalable A.2 Le projet de budget	C.2 Participation *ex ante* du Parlement			L.1 Rendre compte des recettes publiques liées aux industries extractives dans le budget

Approbation du budget	A.3	Le budget approuvé	C.3 Approbation du budget par le parlement				H.2	Publication d'un budget des citoyens		
Exécution du budget	A.4	Le budget rectificatif		E.	Gestion et contrôle interne de l'argent public				K.	Ouverture des marchés et achats publics
	A.5	Les profils budgétaires préalables à l'exécution								
	A.6	Les rapports intrannuels sur l'exécution budgétaire								
	A.7	Le rapport sur l'exécution en milieu d'année								
Examen du budget	A.8	La communication d'informations en fin d'année	C.4 Contrôle parlementaire de l'exécution budgétaire et des résultats financiers	F.	Favoriser le rôle de l'institution supérieure de contrôle (ISC)				L.2	Rendre compte de l'utilisation de l'argent
	A.9	Le rapport à long terme								
	A.10	La communication d'informations sur les risques financiers								

ORGANISATION DE COOPÉRATION ET DE DÉVELOPPEMENT ÉCONOMIQUES

L'OCDE est un forum unique en son genre où les gouvernements oeuvrent ensemble pour relever les défis économiques, sociaux et environnementaux que pose la mondialisation. L'OCDE est aussi à l'avant-garde des efforts entrepris pour comprendre les évolutions du monde actuel et les préoccupations qu'elles font naître. Elle aide les gouvernements à faire face à des situations nouvelles en examinant des thèmes tels que le gouvernement d'entreprise, l'économie de l'information et les défis posés par le vieillissement de la population. L'Organisation offre aux gouvernements un cadre leur permettant de comparer leurs expériences en matière de politiques, de chercher des réponses à des problèmes communs, d'identifier les bonnes pratiques et de travailler à la coordination des politiques nationales et internationales.

Les pays membres de l'OCDE sont : l'Allemagne, l'Australie, l'Autriche, la Belgique, le Canada, le Chili, la Corée, le Danemark, l'Espagne, l'Estonie, les États-Unis, la Finlande, la France, la Grèce, la Hongrie, l'Irlande, l'Islande, Israël, l'Italie, le Japon, la Lettonie, le Luxembourg, le Mexique, la Norvège, la Nouvelle-Zélande, les Pays-Bas, la Pologne, le Portugal, la République slovaque, la République tchèque, le Royaume-Uni, la Slovénie, la Suède, la Suisse et la Turquie. La Commission européenne participe aux travaux de l'OCDE.

Les Éditions OCDE assurent une large diffusion aux travaux de l'Organisation. Ces derniers comprennent les résultats de l'activité de collecte de statistiques, les travaux de recherche menés sur des questions économiques, sociales et environnementales, ainsi que les conventions, les principes directeurs et les modèles développés par les pays membres.

ÉDITIONS OCDE, 2, rue André-Pascal, 75775 PARIS CEDEX 16

(42 2017 48 2 P) ISBN 978-92-64-29332-8 – 2018